D1752323

SALBEI UND BROT
Gerüche der Kindheit

HEINZ JANISCH (Hrsg.)

SALBEI & BROT
GERÜCHE DER KINDHEIT

Verlag Austria Press

Die Deutsche Bibliothek - CIP-Einheitsaufnahme

Salbei & Brot : Gerüche der Kindheit / Heinz Janisch .-
Wien : Verl. Austria Press, 1992
ISBN 3-85330-110-X
NE: Janisch, Heinz [Hrsg.]; Salbei und Brot

© Verlag Austria Press Ges.m.b.H.
1030 Wien, Reisnerstraße 40

Alle Rechte vorbehalten
Nachdruck, auch auszugsweise, verboten

Lektorat: Ursula Grablechner, Mag. Gabriela Scolik
Graphik und Layout: Ute Jicha
Umbruch: Amos EDV, 1070 Wien, Kirchengasse 32
Druck: Druck- und Verlagsanstalt Wiener Verlag Ges.m.b.H.
Nachf. KG, A-2325 Himberg, Haideäckerstraße 1

Gesetzt aus der Adobe Garamond
Gedruckt auf Werkdruck

Wien 1992

ISBN 3-85330-110-X

13
„Gerüche sind wie Katzen"
Heinz Janisch

I. „Durcheinandergerochen ..."

24
„Das war so eine Kindheitserotik"
Axel Corti

28
„Der Duft von Orangen"
Mira Lobe

32
„Der Geruch des Raben"
Urs Hefti

37
„Die Gerüche am See"
Barbara Frischmuth

39
„Der Duft der Apfelblüten"
Gerhard Meier

II. „Ich habe einen Geruch geerbt"

46
„Ich bin in der Dunkelkammer entstanden"
Willy Puchner

50
„Ich habe einen Geruch geerbt"
Caspar Pfaundler

53
„Ein Tabernakel im Wohnzimmer?"
Evelyn Schlag

III. „Man ist als Kind eine riesige Nase"

58
„Der Geruch nach Waffeln,
das ist für mich ein Abschiedsgeruch"
Christine Ostermayer

60
„Die Gerüche sind noch vor den Wörtern"
Urs Faes

64
„Man ist als Kind eine riesige Nase"
Wolfgang Ebert

66
„Eine Patina von Gerüchen"
Josef Aichholzer

71
„Es roch nach Theater"
Emmy Werner

IV. „Der Geruch des Vaters am Wochenende"

74
„Der Geruch des Vaters am Wochenende"
Hans Kann

78
„Sogar auf dem Klo roch es gut"
Christine Nöstlinger

83
„Die Truhe des Vaters"
Doris Mühringer

86
„Ein Geruch kann sehr tröstlich sein"
David Steindl-Rast

V. *„Erdäpfelsalat riecht erotisch"*

90
„Gerüche-Küche"
Wolfgang Wagerer

95
„Der Duft von Rosen"
Salcia Landmann

97
„Erdäpfelsalat riecht erotisch"
Peter Henisch

102
„Der Geruch von Eichelkaffee"
Anton Staudinger

VI. *„Der Geruch der Sommerwiese"*

108
„Der Geruch der Sommerwiese"
Ernst Nöstlinger

112
„Ich bin in diesen Geruch hineingesprungen"
Erwin Moser

114
„Und innen riecht die Geige
nach Myrrhe"
Bernhard Costa

118
„Mein Haar bleibt geruchlos"
Viktor Matejka

VII. „Es gibt eine Geruchs-Heimat"

122
„Der Geruch der Drachenluft"
Peter Härtling

125
„Weihrauch und Lilien"
Hanne Lenz

127
„Der Schwefelgeruch der Fässer"
Hermann Lenz

129
„Dieser Linz-Geruch
ist für mich Heimat"
Gerhard Haderer

133
„Der Geruch des Waldes"
Lukas Hammerstein

136
„Die Kindheit,
die man nie gehabt hat"
Urs Widmer

VIII: „Kann man Licht riechen?"

140
„Kann man Licht riechen?"
Rudolf Egger

144
„Der Geruch des Ozons"
David Kuebler

146
„Der Geruch des Blitzes"
Robert F. Hammerstiel

150
„Der Geruch der Höhenluft"
Franz-Joseph Huainigg

IX. „Der Geruch des Todes"

156
„Der Geruch der Äpfel"
Peter Bichsel

158
„Der Geruch der Kühle"
Marianne Gruber

163
„Geruchsblicke"
Clemens Eich

166
„Ich habe als Kind
keine Schock-Gerüche gehabt"
Reinfried Wagner

169
„Es besteht eine körperliche Basilikum-Notwendigkeit"
Alfred Wopmann

X. *„Ich habe einen Geruchs-Schrank"*

172
„Ich sammle Bücher und Gerüche"
Friedrich C. Heller

176
„Ich habe einen Geruchs-Schrank"
Alois Hotschnig

180
„Die Apotheke war das reinste Geruchskonzert"
Renate Ganser

XI. *„Die Gerüche haben noch viel mit uns vor"*

184
„Gerüche sind Speicher für die Gefühle der Zukunft"
Lois Weinberger

186
„Mein Geruch ist der Nicht-Geruch"
Oswald Oberhuber

188
„Der Geruch des Brotes"
Heinz Cibulka

192
„Die Gerüche haben noch viel mit uns vor"
Hermann Nitsch

XII. „Diesen Geruch werde ich nie vergessen"

198
„Am meisten freuten wir uns auf Ostern"
Juliane Janisch

201
„Diesen Geruch werde ich nie vergessen"
Franz Janisch

205
Der Herausgeber

206
Personenregister

„Gerüche sind wie Katzen"

Heinz Janisch

„Harzduft und Holzgeruch im Wald, Hitze und Staubgeruch der Feldwege, Geruch in den Apfelkellern, Weinkellern, Kartoffelkellern, Geruch von Tannenzapfen im Kamin, Geruch des Schnees ..."

Marie Luise Kaschnitz in ihrem Buch „Beschreibung eines Dorfes". Wenn ich vom Dorf meiner Kindheit erzähle, vom südlichen Burgenland, von den Sommerferien bei den Großeltern, dann erzähle ich immer wieder auch von den Gerüchen.

Beim Reden – beim Blättern im inneren Photoalbum – stellen sich zu den Bildern auch die Gerüche ein.

Vor Jahren verbrachte ich einen Sommer auf der Insel Kreta, bei griechischen Freunden.

Der Großvater des einen Freundes faszinierte mich besonders. In seinem kaum möblierten Zimmer stand auf einem kleinen Holztisch eine Schale, die mit getrocknetem Salbei gefüllt war. Er nahm oft einige Blätter in die Hand, zerrieb sie mit den Fingerspitzen. Wann immer ich das Zimmer betrat, fiel mir dieser Geruch von Salbei auf. Und noch ein Geruch war da im Raum. Der Geruch von Brot.

Neben der Schale mit dem Salbei lag immer auch ein Laib Brot.

Dieser Geruch von Salbei und Brot, der das ganze Haus zu durchdringen schien, ging mir nicht mehr aus der Nase.

Salbei und Brot, sagte mir der alte Mann dann eines Tages, Salbei und Brot, das seien die Gerüche seiner Kindheit gewesen. Mit diesem Geruch sei er aufgewachsen, so habe es im Haus seiner Eltern gerochen. Mit diesem Geruch wolle er weiterleben, mit diesem Geruch in der Nase wolle er eines Tages auch sterben.

Salbei und Brot. Mich hat dieser Geruch, mich hat dieses Bild von der Schale und dem Brot lange nicht losgelassen.

Bei meiner Tätigkeit als Journalist ist mir dann aufgefallen, daß ich immer öfter auch nach den Gerüchen der Kindheit gefragt habe. Die Gerüche halfen mitunter, ein Gespräch in Gang zu bringen. Die Gerüche waren ein Anfang. Man konnte etwas miteinander anfangen.

Ich begann Freunde zu fragen, Verwandte, meine Eltern. Ich ging den Gerüchen meiner eigenen Kindheit nach.

Wer einmal erlebt hat, mit welcher Wucht einem die Gerüche an der Nase packen können, der zweifelt nicht mehr an der Macht der Gerüche. Aber immer noch wird diese Macht der Gerüche unterschätzt.

„Diese Frage können Sie doch nicht ernst meinen!"

„Das hat mich noch nie jemand gefragt!"

Solche Antworten bekam ich oft zu hören, wenn ich nach den Gerüchen der Kindheit fragte.

Oft war da auch ein Zögern, eine Skepsis spürbar: Da fällt mir nichts ein.

Und dann, zwei, drei Tage später, beim Interview, war da ein Schwall von Gerüchen.

Und ganz sicher sind allen meinen Gesprächspartnern nach dem Reden über die Gerüche der Kindheit noch viel mehr und ganz andere Gerüche eingefallen.

Mitunter blieb wenig Zeit zum Nachdenken, die Antworten kamen spontan.

Es sind Erst-Erinnerungen, improvisierte Gespräche, die gar keinen Anspruch auf Vollständigkeit erheben wollen. Das können und das möchten diese Gespräche auch gar nicht leisten.

Was diese Gespräche sehr wohl können: Sie verstehen sich als Angebot, als Einladung, selbst über die Gerüche der Kindheit nachzudenken, ihnen nachzuspüren.

Gerüche zu beschreiben, ist nicht einfach. Man behilft sich mit Vergleichen: die Apotheke als Geruchs-Konzert; die Küche der Großmutter als Geruchs-Heimat, die verloren scheint; das billige Parfum als Geruchs-Keule, die einem entgegenschlägt.

Es ist schwer, von Gerüchen zu sprechen, und doch sind sie der Rede wert.

„Es gibt so etwas wie ein Zu-Hause-Sein in einem Geruch", sagt der Schriftsteller Peter Härtling. „Man erinnert sich an eine Kindheit, die man gern gehabt hätte", sagt der Schweizer Urs Widmer. „Anekdoten sind Lügen", behauptet der Bildhauer Lois Weinberger.

Zwischen den beiden Polen – zwischen dem Wissen um die Magie und die Kraft der Gerüche und dem Zweifel an den Geschichten, die man hervorkramt, zwischen diesem Immer-noch-Spüren und der Scheu, Nachvollziehbares, Herzeigbares zu zitieren –, zwischen diesen beiden Polen liegt der Versuch dieser Annäherungen.

Gerüche sind wie Katzen. Sie lassen sich nicht zwingen.

Unerwartet tauchen sie auf. Plötzlich sind sie da, sie suchen die Nähe, dann entziehen sie sich wieder. Innerhalb von Sekunden gehen sie wieder auf Distanz. Sie gehören zu uns, und sie sind doch nicht verfügbar, nicht beliebig abrufbar.

Gerüche haben ein Eigenleben. Sie sind Bestandteil dieser anderen Geographie der Städte, einer Geographie, die auf keiner Landkarte festzumachen ist.

So wie ich mich als Kind kaum zu bewegen traute, um einen angenehmen, wohligen Geruch nicht zu vertreiben, so übe ich heute noch manchmal die Langsamkeit, wenn ich in einen besonderen Geruchs-Bezirk gerate, sei es der einer Bäckerei oder der einer Landschaft, eines alten Hauses.

Als wäre die Langsamkeit eine Möglichkeit, nahe bei den Gerüchen bleiben zu können.

Durch die zahlreichen Gespräche, die ich für dieses Buch geführt habe, sind natürlich auch die Geruchs-Erinnerungen an meine Kindheit lebendig geworden.

Wenn ich schon diesen faszinierenden, merkwürdigen Zwischenbereich zwischen Stille und Wort, zwischen Bild und Klang bei anderen zu erforschen suche, so erscheint es mir nur fair, auch von meinen Kindheitsgerüchen zu erzählen.

Mitunter erscheint mir die Kindheit an sich als Geruch.

Fast kein Erlebnis ohne Geruchs-Erinnerung!

Da sind die Gerüche von Menschen: Der Großvater, die Großmutter, die Eltern, der Herr Pfarrer, der Schulfreund, das Mädchen ...

Klänge, Farben, Töne, Bilder – sie alle verweben sich in der Erinnerung mit den Gerüchen.

Der Geruch der Küchenkredenz im Haus der Großeltern. Ein Geruch aus Brot, Kümmel und Feigenkaffee. Und vor mir sehe ich auch – beim Schließen der Kredenztüren – das Zittern der Postkarten, die im Glasfenster stecken. Ansichtskarten vom Meer, mit einem Blau, das ich nie vergessen werde. Das Meerblau verbindet sich mit dem Geruch einer blauen Schürze.

Diese blaue Schürze, das ist für mich mein Großvater-Geruch, diese blaue Schürze roch nach Tabak und nach Sommer, ein Feriengeruch auch, ein Weinkeller- und Apfelgeruch. Zu diesem Geruch gehört auch die sehr frühe Erinnerung an diesen weichen blauen Stoff, an dem ich mich als Kind gut festhalten konnte.

Die Schürze hing an einem rostigen Haken an der weißen Wand, die nach Kalk roch und nach Mehl.

Das ist für mich ein Wintergeruch, der sich mit dem Bild von aufstäubendem Mehl in der Küche verbindet.

Ich sehe eine Mehl-Wolke über dem Küchentisch, und meine Großmutter mit dem schwarzen Kopftuch beugt sich über den weiß-gelben aufgerollten Teig.

Der Teig- und Mehlgeruch, der Backofengeruch vom Brotbacken. Ein Geruch des Wartens und der Erwartung, ein Geruch der Behaglichkeit.

Der Geruch von Kirche und Sakristei, der Ministranten-Geruch. Ein Gemisch aus Weihrauch, Kerzenwachs, alten Büchern und frisch gestärkter Wäsche.

Die Kleider (für uns Buben Frauen-Kleider), die wir überzustreifen hatten, über die Hose, über das Hemd, über den Pullover, und beim Überstreifen der Engel-Kleider dieser Geruch von Sauberkeit, ein strenger Geruch, ein Geruch von Ordnungsliebe und Disziplin, ein Geruch, der uns ernst werden ließ. Kaum als Ministrant verkleidet, waren wir auch schon ruhiger. Wir zappelten weniger, wir hatten einen Ernst über unser Kindsein gestülpt.

Erst nach Jahren, als dieser Geruch nicht mehr diese Wirkung auf uns hatte, weil er uns schon vertraut war, weil er uns nicht mehr überraschen konnte, erst nach dem Abdienen dieser Überlistungszeit waren wir auch während des Ministrierens kindisch und verspielt. Da konnte uns auch das kurze böse Zischen des Pfarrers nichts mehr anhaben. Wir standen in unseren Engel-Kleidern links und rechts vom Altar, und der Ministranten-Geruch war dem von Kaugummi und Karamel gewichen. Wir rochen plötzlich wieder wie Buben und nicht mehr wie kleine Priester.

Der Geruch von Moos im Wald, ein Schattengeruch, ein Geruch der Kühle.

Die Gerüche vom Indianerspielen, auf dem Hochstand, im Zelt, im Wald, beim Sich-Anschleichen hinter den Büschen, die Nase knapp über der feuchten Erde, über dem Gras, über den Fichtennadeln im Wald.

Der Geruch des Spotts, der Niederlage, als ich bei einer Mutprobe der Buben im Dorf (Unterort gegen Oberort) in die Jauchegrube fiel und tagelang der Geruch von Jauche in den Haaren und unter den Fingerspitzen blieb. Wie ich immer heimlich an den Fingerspitzen schnupperte, aber der Geruch ließ sich nicht bezwingen, der Geruch war hartnäckig, ihm war nicht beizukommen, auch mit Kernseife nicht, nur mit Geduld.

Der Geruch von Linde-Kaffee mit der Hoffnung auf eine der kleinen Plastik-Figuren, die im Kaffee verborgen waren. Die Freude über einen Cowboy aus Plastik, der sein Lasso schwingt, und dazu dieser Linde-Kaffee-Geruch im ganzen Raum.

„Linde-Kaffeemittelmischung mit Kneipp Malzkaffee" ist auf der blau-weißen Packung zu lesen, auch heute noch.

Und: „Trocken und verschlossen aufbewahren, vor Wärme und Fremdgeruch schützen."

Vor Fremdgeruch schützen!

Der Geruch des Friseurs, das Haare-Schneiden beim Herrn Trösch.

In seiner kleinen Wohnung war ein Zimmer als Frisierstube, als Friseur-Salon eingerichtet. Ein Geruch von Rasierwasser und Parfum, ein Geruch von nassen Haaren und Rasierschaum, ein Geruch von falscher Süße und grausiger Schärfe erwartete mich, ein Geruch, den ich fürchtete, den ich haßte, es war ein Geruch, der mich bedrohte. Ich fürchtete mich vor dem Geruch, so wie ich mich vor der Schere, vor dem Rasierapparat mit den eingelegten Klingen und dem chromblitzenden Drehstuhl fürchtete. Ich saß in diesem Geruch und sah die Köpfe der Jungen, die vor mir an der Reihe waren.

Der Friseur-Geruch war für mich die Ankündigung von Scham und Zorn, und er ist es immer noch.

Betrete ich einen Friseur-Salon, sehe ich mich auch schon als kleinen Jungen durch die Straßen laufen, mit Tränen in den Augen, aus Wut, aus Zorn, aus Scham.

Ich sehe mich ins schützende Haus einbiegen, in die Wohnung hinauflaufen, aber der Geruch blieb bei mir, der Geruch von viel zu kurz geschnittenem Haar, vom hinten hoch hinauf rasierten Schädel.

So stand ich im Badezimmer, mein Gesicht ein fremdes, lächerliches, und unter Tränen schwor ich, das Haus für drei, vier Tage nicht zu verlassen. Am nächsten Morgen war der Friseur-Geruch weg, und auch die neue Frisur hatte keinen Geruch mehr. Sie wirkte nur unbeholfen, kümmerlich, struppig, ein Versehen, ein Irrtum, an dem ich nicht schuld war.

So war das Gelächter der Klassenkameraden leichter zu ertragen. Das kurzgeschorene Haar bewies nur, daß man zu folgen hatte.

Der Geruch des Lederballs beim Fußballspielen, vermischt mit den grünen Grasflecken auf der Hose.

Der Geruch meiner ersten Fußballschuhe mit Stoppeln. Mein Vater hatte sie mir aus Bratislava mitgebracht.

Das klang für mich exotisch, und somit waren die Schuhe etwas ganz Besonderes.

Der Geruch kam mir noch Jahre später, beim Fußballverein, immer wieder in die Nase. Wenn ich beim Niederknien auf dem Rasen die Schuhe noch einmal richten mußte, die gelösten Schuhbänder fester schnüren mußte, so kam für Sekunden dieser Kinder-Geruch hoch, der Ledergeruch der Schuhe, und es war ein Geruch, der mich beflügelte, der mich anstachelte. Als säße mein Vater auf der Tribüne, um zu sehen, ob ich mit den neuen Schuhen besser spielen würde.

Der Geruch des Autos, oder genauer: der Bank hinten. Ein Geruch von Leder und Plastik, ein Geruch des Ankommens und des Wegfahrens.

Nirgendwo sonst konnte ich so gut schlafen wie in diesem Auto-Geruch. Da lag ich, zusammengekauert auf dem Rücksitz, ich hörte meine Eltern reden, ich hörte das Geräusch des fahrenden Autos, und so schlief ich ein. Die Fahrt ging meist ins südliche Burgenland, aber für mich war das eine Reise, und schon Tage vor der Abfahrt freute ich mich auf den Einschlaf-Geruch im Auto, freute ich mich auf meine Schlaf-Nische auf dem Rücksitz.

Wenn wir spät nachts nach Wien zurückfuhren, in die Dunkelheit hinein, dann war dieser Auto-Geruch auch ein starker Trost, eine Sicherheit. In diesem Geruch des Autos und des Fahrens war ich gut aufgehoben, da konnte ich beruhigt einschlafen.

Gelegentlich kommt es vor, daß ich in einem Auto sitze, das plötzlich diesen Geruch hat. Da habe ich – für Sekunden – das Gefühl: Jetzt fahren wir ins Burgenland.

Die erste Reise ans Meer, mit zwölf, mit vierzehn?

Die Band im Hotel, auf der Terrasse, und das Mädchen, mit dem ich tanzen mußte.

Sie hatte langes Haar, und ich war sehr scheu.

Wir waren beide erregt, aufgewühlt von der Haut-Nähe des anderen, vom Geruch, und immer noch ist der Geruch ihrer Haare, ihrer Wangen, ihres Nackens, ihrer Schulter in meiner Nase, ein erotischer Geruch, der Geruch einer Distanz, die mehr mit Nähe zu tun hatte, als vieles, das später tatsächlich geschah. Es war der Geruch der Verheißung.

Vielleicht ist das Erinnern von Gerüchen auch ein Spiel mit der Illusion, mit der Sehnsucht. Aber die Gerüche können mehr. Sie sind nicht bloß Archivgut, sie sind „Speicher für die Gefühle der Zukunft", sie sind eine Art guide-line, ein „Zeichen von Identität, eine Möglichkeit der Behütung".

„Gerüche können auch trösten", sagt der Benediktinermönch David Steindl-Rast.

Ich verstehe diese sehr subjektive Gerüche-Sammlung als ein Angebot. Menschen schließen kurz die Augen, gehen gleichsam in der Erinnerung der Nase nach, lassen sich von der Nase herumführen, holen Geruchs-Erinnerungen hervor.

Das Buch endet mit den Erinnerungen meiner Eltern.

Meine Kinderzeit war die Zeit ihres Erwachsenwerdens. Aber wie ist es ihnen als Kinder ergangen? An welche Gerüche können sie sich erinnern?

Auch so ist dieses Buch zu verstehen: als Aufforderung, Fragen zu stellen.

I.
„Durcheinandergerochen ..."

„Das war so eine Kindheitserotik"

Axel Corti

Axel Corti, geboren 1933 in Paris. Kindheit in Frankreich, Schweiz, Italien. Lebt in Wien und Salzburg.
Regisseur. Zahlreiche Filme: „Der Fall Jägerstätter", „Herrenjahre", „Eine blaßblaue Frauenschrift", „Welcome in Vienna", „Die Hure des Königs" u.a.

Durcheinander gerochen, durcheinander erinnert. Wenn es Gerüche der Kindheit sein sollen, wo fange ich an?

Der Geruch einer Bestrahlungslampe, ich weiß nicht genau, ob das ultraviolettes Licht war. Es war ein ganz eigenartiger Geruch. Ich mußte dort immer wieder hin, weil ich Stirnhöhlenentzündung hatte, als kleines Kind schon.

Dieses seltsame Licht und dieser Geruch – manchmal kann man das auch beim Röntgen riechen –, aber ich kann mich nur an diese Bestrahlungslampe, die ich immer wieder erlebte, erinnern. Womöglich heißt das Ozon? Für mich war es ein Geruch ohne Außenwelt. Wie in einer Kapsel.

Ein ganz wichtiger Geruch meiner Kindheit, der immer wieder kam: der Geruch der Metro in Paris, die ganz anders roch, als die Untergrundbahn in Berlin riecht und wieder anders als die in New York. Ich weiß nicht, warum, sie riecht ganz unverkennbar nach Metro. Wunderbar. Und das hat sich überhaupt nicht verändert.

Dann gab es da einen sehr erotisierenden Geruch, die durcheinanderwabernden Gerüche eines richtigen alten Gemischtwarengeschäfts, wo noch Gewürze, Kaffee, Sauerkraut und Hering, Äpfel und Gurken im Faß und sonst noch alles mögliche durcheinander duftete. Alles war noch nicht so fest, so steril verpackt. Das war ein Meinl in Bregenz, da war ich ungeheuer verliebt in das Lehrmädl, sie war siebzehn, rund, blond, und ich war sieben. Diese Erinnerung: Wenn ich sie irgendwo im Städtchen erspähen konnte, dann war das ganz stark mit diesem kräftigen Geruch des Geschäfts verbunden. Das ging durch Mark und Bein. Das war so eine Kindheitserotik, die Gewürz-Hildegard.

In Bregenz war ich nur ein halbes Jahr, aber ich erinnere mich auch noch sehr gut an den Geruch eines glitschigen, ablaufartigen Bacherls hinter dem Haus, in dem wir wohnten. Ein Geruch, der so eine Faszination von Ekel hatte, man rutschte auch aus, in diesem Bacherl, wenn man – notwendig – darübersprang oder sich mittendrin bachaufwärts kämpfte. Es war so ein Geruch – es gab zwar keine Fische darin, aber es hat gefischelt, und nach Hafen hat es gerochen. Nach Tang und nach Strandgut. Es war ein Geruch des Bösen, obwohl es da gar nichts Böses gab.

Und „Tausend Blumen": Das Parfum meiner Mutter, an das ich mich sehr gut erinnere, hatte diesen sehr schönen Namen, den weiß ich heute noch. Ich habe sie als kleines Kind immer wieder gefragt: „Wie heißt dieser Duft?", wenn sie nachts noch einmal zu uns ins Zimmer kam. Manchmal mußten wir noch auf den Topf gehen, als wir noch sehr klein waren, oder sie war ausgegangen und kam gerade heim. Ja, „Tausend Blumen" hieß dieses Parfum, „Mille Fleurs" von Haubigant, unvergeßlich. Sicher der pure Ödipus.

Der Geruch der Garage, der Tiefgarage, unter dem Haus in Paris. Diese Mischung von ölgetränktem Zement und Gummi und Benzin, das ist für mich der Geruch von Krieg. Das ist ein gefährlicher Geruch, intensiv, den ich immer wieder eingeatmet habe, während Fliegerangriffen, wenn wir in der Tiefgarage (es gab keinen Luftschutzkeller bei uns) saßen, im Auto, und wir hörten es krachen und heulen und pfeifen. Das ist der Geruch von Krieg für mich, der Geruch einer Tiefgarage, bis heute.

Auch Holz natürlich, immer wieder Holz. Wir waren in den Ferien oft in der Schweiz, da haben wir bei einem Tischler eine Ferienwohnung gemietet. Das war ein guter Freund von mir, Jeannot, der Tischler. Ich war ein Kind von vier und fünf und sechs Jahren, und dieser Geruch der vielen verschiedenen Arten von Holz und Harz und Leim, bis heute bin ich fasziniert vom Geruch von Holz. Am berauschendsten natürlich Zirbelholz – aber das ist ein Luxusgeruch.

Dann gab es einen Geruch, der mit Hunger und Vorräteanlegen verbunden ist. Paradeiser, Tomaten, reife, große Gartentomaten unter meinem Bett in einem Internat in Italien im hohen Sommer, wo sie sehr schnell überreif werden. Die Köchin hat sie mir und meinem Bruder zugesteckt, weil wir so wenig zum Essen hatten; die Paradeiser habe ich unterm Bett aufbewahrt. Einmal ein halbes Huhn, das wollte ich besonders lang aufbewahren, dann hat es zu stinken begonnen.

Ein schauerlicher Geruch in meiner Kindheit ist der Geruch von Chlor im Schwimmbad, zu einer Zeit, als ich noch nicht schwimmen konnte. Als das die Schulkameraden merkten und mich gnaden- und erbarmungslos im Hallenbad des Internats ins Wasser warfen. Dieser dumpfe Geruch, dieses Beißen, das Schlucken von Chlorwasser, aber vor allem das Betreten des geschlossenen Schwimmbades mit diesem Chlordunst, das bedeutete Schrecken und Angst für mich. Heute noch zieht sich alles zusammen in mir, obwohl ich längst schwimmen kann.

Ganz früher gab es den Geruch von Schmierfett eines kleinen, ganz simplen Karussells in einem Park in Paris. Da stand eine Frau und drehte an einer übersetzten Kurbel, und wir fuhren im Kreis auf wunderschönen Pferden und stachen mit einem Stöckerl nach Ringen, die mußte man herunterreißen. Wenn man genügend erbeutet hatte, durfte man einmal gratis weiterfahren. Das war so ein Metall-Schmierfett-Geruch in diesem kleinen Park, spannend, ja!

Ich erinnere mich sehr gut an den Geruch meines Vaters. Der hatte natürlich nichts mit Parfum zu tun, sondern hatte einen Geruch, da war irgendwie Leder dabei, und ein wenig Lavendel auch noch. Ich habe einen Koffer von meinem Vater, der riecht noch immer ein bisserl so wie er, obwohl er seit 1945 tot ist: Leder, ganz wenig Schimmel, ein Hauch Lavendel. Das ist so, ich weiß nicht, warum. Bei meiner Mutter ist es ein Parfumgeruch, bei meinem Vater ist es ein Er-Geruch.

Na und viele, viele andere Gerüche, die immer wieder auftauchen in mir und die ich auch manchmal so mit „Hallo, da bist du ja wieder" begrüße.

„Der Duft von Orangen"

Mira Lobe

Mira Lobe, 1913 als Mira Rosenthal in Görlitz, Schlesien, geboren. Flüchtete 1936 nach Palästina. 1940 heiratete sie den Schauspieler Friedrich Lobe. Lebt heute in Wien.
Zahlreiche Kinder- und Jugendbücher, darunter „Die Omama im Apfelbaum" oder „Das kleine Ich bin ich".
Mira Lobe gilt als die große alte Dame der österreichischen Kinder- und Jugendliteratur.

Ich komme aus einer bürgerlichen Familie.

Mein Vater war Raucher, ich erinnere mich vor allem an den Geruch seiner Zigarren. Er war Geschäftsmann und kam oft über Mittag nach Hause. Ich durfte dann das Streichholz anzünden. Bis heute erinnert mich der Geruch von Zigarren an meinen Vater.

Oder ich sehe mich in der Küche stehen, in einem ganz besonderen Duft, im Duft von kochenden Früchten. Wenn meine Mutter Früchte einkochte, wir sagten „einwecken" dazu, dann war ich gern in der Küche. Dieser süße, schwere Duft, der hatte etwas Zauberhaftes, etwas Märchenhaftes.

Ein paar Mal im Jahr wurde „Große Wäsche" gemacht. Das ist ein ganz wichtiger Geruch aus meiner Kinderzeit. „Große Wäsche". Es gab im Hof ein kleines Häuschen, da wurde eingeheizt, mit Holz. Und dann dampfte es im, Hof, und es roch nach heißer Seifenlauge, es roch irgendwie nach Sauberkeit, es war der Geruch von „Großer Wäsche". Und dann sehe ich uns mit dem Leiterwagen voll Wäsche hinausziehen, zu einer Wiese, da wurde die Wäsche ins Gras gelegt, zum Trocknen. Dieser Geruch der frischgewaschenen Wäsche!

Zur „Großen Wäsche" gehört noch ein Geruch: Immer, wenn Waschtag war, wurde ein Eintopf gemacht, mit Rindfleisch, Gemüse und Kartoffeln, den durfte ich dann hinunterbringen. Ich sehe die Frauen und Kinder heute noch da sitzen, im Hof, und da ist dieser Dampf, und sie essen ihren Eintopf.

Ich erinnere mich an das Blumenfenster meiner Mutter. Das war grün, und alles duftete. Wir hatten auch einen Dachgarten, da gab es Kresse. Kresse duftet, und an der Wand wuchsen Heckenrosen, die haben auch geduftet.

Ich sehe mich als Kind auch in einem Garten von Rosenstock zu Rosenstock gehen. Ich wollte herausfinden, ob die gelben Tee-Rosen einen anderen Geruch hatten als die dunkelrot-samtenen.

In einem Weingarten war ich auch oft, da ging ich gern allein hin, auch weil es dort gut roch. Aber da gab es einen debilen Jungen aus der Nachbarschaft, den Bubi Richter, vor dem hatte ich Angst. Ich bin dann nicht mehr hingegangen. Die Angst war stärker als die Freude am Geruch.

Wir wohnten in der Altstadt, in einem alten, schönen Haus. Es gab einen Hof mit einem Brunnen, das war so ein sonnenbeschienener Hof. Man kam dann von diesem hellen, heißen Hof in einen kühlen, dunklen Keller. Da hatte mein Vater seinen Wein gelagert. Er hatte ein Geschäft mit Wein und Spirituosen.

Das ist auch ein wichtiger Geruch meiner Kindheit. Der Geruch der Weinfässer, der Geruch der Flaschen in den Regalen. Und dann, wenn die Flaschen vor dem Abfüllen, draußen beim Brunnen, ausgewaschen wurden.

Dieser Wein-Geruch, und die Kühle des Kellers.

Oben in diesem Haus wohnte meine Großmutter. Sie hatte einen festen Charakter, sie hatte ihre Grundsätze. Wir kamen manchmal zum Essen, und immer mußten wir uns vorher mit Kernseife die Hände waschen, auch wenn sie sauber waren. Das war auch so ein Geruch. Und zu essen gab es immer gebratene gefüllte Tauben und als Nachspeise Apfelmus.

Im Winter lagen die Bratäpfel auf dem Ofen. Das sind so Großmutter-Gerüche aus Görlitz.

Ein Geruch, für den ich mich fast geniere, der hatte mit dem Fräulein Mauermann zu tun. Das Fräulein Mauermann war so ein gesunkenes Fräulein, das schon mal bessere Tage gesehen hatte. Es kam zu uns in die Wohnung, um zu putzen und zu helfen. Sie durfte dann immer bei uns am Tisch essen, und da saßen wir dann alle bei Tisch, und wir genierten uns, und sie genierte sich.

Dieses Fräulein Mauermann roch für mich nach „arme Leute". Ich hab' als Kind nur durch den Mund geatmet, wenn das Fräulein Mauermann in der Nähe war.

Einmal mußte ich zu ihr in die Wohnung, ich mußte ihr etwas bringen. Es war ein altes muffiges Haus, es gab kein Stiegengeländer, nur so eine klebrige, glitschige Eisenstange, ich weiß noch, wie sich die anfühlt. Und oben in der Wohnung roch es nach Kohl. Das Fräulein Mauermann war nicht da, nur ein Junge, der mich feindselig behandelte. Ich war ja auch so ein besseres Kind, in einem Sommerkleid. Da hatte er schon recht. Ich bin ganz beschämt davongerannt, auch vor diesem Geruch.

Dieser „Arme-Leute"-Geruch, das war ein beklemmender Geruch, so verbunden mit Herzklopfen, schlechtem Gewissen und anderen bedrängenden Gefühlen. Diesen Geruch kann ich nicht vergessen, den Arme-Leute-Geruch vom Fräulein Mauermann.

Einen ganz wunderbaren Geruch habe ich viel später erlebt, da war meine Kindheit schon vorbei, aber es war auch so etwas wie ein Neuanfang.

Ich bin Jüdin, und 1936 bin ich nach Palästina ausgewandert. Ich ging in Haifa an Land, es war im März, es war schon Frühling. Alles hat schon geblüht. Ich fuhr nach Tel Aviv, und ich kam mir wie verzaubert vor, wie verwunschen. Da war dieser betäubende, berauschende Orangen-Duft. Ich fühlte mich plötzlich so frei, es war tatsächlich ein Gefühl von Freiheit, von Glück, von Noch-einmal-davongekommen-Sein.

Dieser Duft von Orangen, der löst bis heute ein Glücksgefühl in mir aus.

„Der Geruch des Raben"

Urs Hefti

Urs Hefti, geboren 1944 in Klosters, Graubünden, Schweiz. Schauspielschule in Zürich. Als Schauspieler in Tübingen, Stuttgart, Bochum. Kam 1986 mit Claus Peymann ans Wiener Burgtheater.

Ich merke, daß ich das eigentliche Leben fast ausschließlich über Gerüche aufgenommen habe.

Was mir als erstes einfällt: Als kleines Kind nuckelte ich immer an meiner Wollmütze (ich behielt sie, bis ich vierzehn wurde). Ich wurde wütend, wenn meine Mutter sie gewaschen hatte, weil dann die Gerüche aus dieser Wollmütze weg waren. Ich hab' sie immer versteckt, damit sie ganz lange ungewaschen blieb.

Das Einziehen dieser Wolle, diese vielen verschiedenen Gerüche spüre ich jetzt wie damals. Es sind für mich Gerüche der Nacht, weil ich das immer nur nachts machte. Wenn ich diese Wollmütze nicht hatte, konnte ich gar nicht einschlafen. Vermischt mit dem Hinhalten an die Lippen und dem Einatmen dieses Geruches, das war für mich das Einschlafen, ohne das ging es überhaupt nicht.

Das zweite Geruchserlebnis, das mir sofort einfällt: Ich sitze im Kinderwagen (ich bin in einem Bergdorf aufgewachsen, ziemlich hoch), der Schnee schmilzt, und ich sitze so nah am Boden.

Dieses Riechen, wie langsam der Frühling kommt, dieses Gras, das da so langsam wächst.

Ich habe für alle vier Jahreszeiten ganz starke Geruchsempfindungen. Mit dem Laub und auch dieser Kälte, die schnell kam in diesem Bergdorf, eine Vorahnung auf den Winter.

Ich hatte einen Freund, der auf einem Bauernhof lebte. Sein Vater fuhr das Laub ein, in dem wir dann Verstecken spielten. Der Geruch von Laub, der sich mit dem Geruch aus dem Stall vermischte, das ist für mich, jetzt in der Verklärung, eine Vorstellung vom Paradies.

Der Geruch des Sommers: Die Öffnung der Badeanstalt war der Beginn des Sommers. Der Geruch von Sonnenöl und von Chlor vom Wasser. Es gab Kabinen aus Holz, in denen man sich umziehen konnte. Dann klingelte man, eine Türe ging auf, und da konnte man die Kleider abgeben. Das ist für mich eigentlich Sommer, der Geruch des Holzes dieser Kabinen.

Später, während der Pubertät, habe ich immer, wenn ich in diese Kabinen ging, einen Bohrer mitgenommen und Löcher gebohrt, um den Frauen beim Ausziehen zuzuschauen. Das war plötzlich eine ganz andere Empfindung, von einer Erotik, die hat mich wahnsinnig interessiert.

Das Bild von diesem Sonnenöl hatte von da an eine ganz andere Bedeutung. Das ist für mich auch heute noch so; wenn ich irgendwo Sonnenöl rieche, ist sofort diese Unruhe da, dieses: „Ich muß jetzt in die Badeanstalt."

Der Geruch des Winters: Die Schule, die alten Parkettböden. Meine Mitschüler, das waren alles Bauernsöhne, sind mit ihren Schiern gekommen und haben sie im Zimmer abgestellt. Der Schnee von den Schiern schmolz und vermischte sich mit der Luft der immer leicht überhitzten Schulstube, das gab dann einen ganz eigenartigen Geruch.
Wir hatten nur Halbjahresschule, weil die Kinder im Sommer den Bauern helfen mußten.

Durch diesen Geruch wußte ich: Jetzt bin ich eingeschlossen in diese Schule, jetzt gibt es kein Weggehen, jetzt mußt du hierbleiben bis zum Frühling.

Der Geruch vom Terpentinboden und diesem Schnee, diesem Wasser, das da so langsam vertrocknete, das verbindet sich für mich ganz stark mit der harten Schulzeit.

Andere Schulgerüche: Wenn ich als Schüler etwas an die Tafel schreiben mußte und mir nachher am Platz die Finger anschaute und an ihnen roch, dieser Kreidegeruch, den man eben noch an den Fingern hatte, das rieche ich heute noch. Oder auch die Schiefertafel mit dem Griffel.

Wir hatten damals noch einen Schwamm, wenn man den vier, fünf Tage nicht aus der Schwammbüchse genommen hat, roch man den etwas verfaulten Schwamm und das Wasser, das war fast ein Genuß, das leicht Vermoderte zu riechen.

Oder, wenn ich hinter dem Lehrer stand, dann roch ich an seinem Sakko so eine Art Rauch und irgendeinen Duft, wahrscheinlich von zu Hause. Dann dachte ich mir immer: „Wie hat dieser Lehrer die Wohnung eingerichtet, wie schläft er mit seiner Frau? Wie lebt er, wie sieht seine Wohnung aus?" Es war so etwas Privates an dem Geruch.

Ein starkes Erlebnis war für mich immer – weil ich oft so ein Fernweh verspürte – die Eisenbahn. Wir hatten eine Schmalspurbahn, die hatte eine große Steigung zu überwinden, wenn sie nach Klosters einfuhr, eine Lokomotive mit Kolben, die war immer sehr heiß, wenn sie am Bahnhof ankam und stand. Dann flimmerte die Luft so, und es roch ganz stark nach diesem etwas verbrannten Öl. Der Lokomotivführer stieg dann aus, und mit der Handfläche berührte er ganz leicht die Kolben, dann roch das so nach Elektrizität und Öl.

Manchmal ließ er die Tür zum Führerstand etwas offen, dann konnte ich ein bißchen reinschauen, dann dachte ich oft: „Mein Gott, also ich möchte jetzt gerne mit diesem Zug weiterfahren."

Dieser Ölgeruch ist für mich heute noch ein Symbol für Fernweh. Genauso der große Tunnel nach dem Bahnhof. Jeden Sonntagmorgen ging mein Vater mit mir spazieren. Ich stellte mich an das Ende des Tunnels, das war in einem Wald, und – das war etwas Ungeheuerliches – wenn am anderen Ende ein Zug einfuhr, dann schob sich diese ganze Luft langsam durch den Tunnel, und dann konnte ich sie einatmen.

Das war so eine Grabesluft, und ein ganz leichter Wind kam einem da entgegen, und auch etwas von der Feuchtigkeit von den Bächen, die am Tunnelinneren herunterfließen.

Auch zwischen den Schienen zu laufen! Der Geruch aus diesem Schotter, wenn es heiß ist, und auch von den Eisenschwellen und den Schwellen aus Eiche, der hat in mir immer ein großes Fernweh ausgelöst. Ich wollte gern eine Modelleisenbahn zu Hause haben, weil ich dachte, es passiert dann etwas ähnliches, aber es passierte überhaupt nichts.

Eine ganz starke Erinnerung: Ich habe eine Schwester, die dreizehn Jahre jünger ist, mit der war ich oft spazieren, ich habe mich viel mit ihr beschäftigt und oft mit ihr gespielt. Ihren Nacken, ihre Mädchenhaare habe ich sehr gern gerochen.

Wir hatten im Garten einen alten Raben, der konnte nicht mehr fliegen. Er saß oft auf ihrer Schulter. Und wenn ich sie in den Nacken geküßt habe, habe ich immer den Raben mitgerochen.

Dieser Geruch ist mir noch sehr intensiv in Erinnerung. Manchmal, wenn ich meine Freundin am Nacken küsse oder an ihrem Nacken rieche, denke ich: „Jetzt müßte der Geruch von diesem Raben da sein."

„Die Gerüche am See"

Barbara Frischmuth

Barbara Frischmuth, geboren 1941 in Altaussee, Steiermark. Besuchte vom 10. bis zum 14. Lebensjahr ein von Nonnen geleitetes Mädcheninternat. Lebt in Wien und Altaussee. Schriftstellerin. Einige Buch-Titel: „Die Klosterschule" (1968), „Die Mystifikationen der Sophie Silber" (1976), „Amy oder Metamorphose" (1978), „Kai und die Liebe zu den Modellen" (1979), „Herrin der Tiere" (1986) u.a.

Ein Geruch, der für mich unvergeßlich ist, ist der von jungen Hunden.

Wir hatten zu Hause eine Hündin, die immer wieder Junge bekam. In einem Zimmer im Parterre, war ein Verschlag mit Laub und darauf eine Pferdedecke. Auf dieser Decke hat die Hündin ihre Jungen geworfen. Ich habe abwechselnd mit anderen Wache gehalten, damit alles gutgeht.

Wir hatten also immer wieder junge Hunde im Haus, und die hatten einen ganz bestimmten, ungeheuer angenehmen Geruch. Dieser Geruch gehört einfach zu meiner Kindheit.

Da gibt es aber auch weniger angenehme Gerüche. Da ist einerseits der Geruch von verbranntem Kakao, so hat es im Internat immer wieder gestunken.

Und dann gibt es einen anderen Geruch, der nicht mit Angebranntsein, aber mit Schmelzen zu tun hat.

Wir hatten in Aussee in den Zimmern noch diese alten Kachelöfen. Die hatten in der Mitte ein Loch, in das man Dinge stellen konnte, die von der Fensterbank hereinkamen und beinhart gefroren oder sehr hart waren, zum Beispiel Butter.

Irgendwann einmal wurde die Butter dann vergessen in diesem Loch. Sie ist geschmolzen und in die Fugen, die ja nicht glasiert sind, eingedrungen. Jahrelang, wann immer dieser Ofen geheizt wurde, hat es nach ranziger Butter gestunken. Ein ganz penetranter Geruch meiner Kindheit.

Was ich in Aussee immer wiedererkenne, ist der Geruch nach Laub. Im Herbst, wenn der erste Reif schon drauf war und es schon ein bisserl modert, das ist für mich ein Geruch, der mir sehr zu Herzen geht.

Oder: Es gibt Gerüche am See, diese Mischung aus Sonnencreme und Brettern, auf die die Sonne scheint, das ist ein ganz bestimmtes Bukett, das ich aus tausenden anderen herausriechen würde.

„Der Duft der Apfelblüten"

Gerhard Meier

Gerhard Meier, geboren 1917 in Niederbipp, Kanton Bern, Schweiz. Lebt mit seiner Frau Dorli in Niederbipp, in einem alten Holzhaus, das noch seinen Eltern gehörte.
Gerhard Meier, der Doyen der Schweizer Gegenwartsliteratur, hat erst spät zu schreiben begonnen. Zahlreiche Preise.
In seinen Büchern tauchen meist zwei Protagonisten auf, die beiden Freunde Baur und Bindschädler. Sie gehen durch das imaginäre Dorf Amrain (das viele an Niederbipp erinnert) und reden – im besten Sinne des Wortes – über Gott und die Welt.
Einige Buch-Titel: „Die Ballade vom Schneien", „Der schnurgerade Kanal", „Der Besuch" u.a.

Der Geruch – oder der Duft – der Apfelblüten ist ein dominierender in meiner Erinnerung.

Wir haben, was damals wahrscheinlich die meisten Kinder tun mußten, jeweils ein oder zweimal einen Zweig mit Apfelblüten in die Schule mitgebracht, für den Zeichenunterricht. Da hat sich dann in der Erinnerung um diesen Duft und um dieses seltsame Weiß, durchsetzt an den

Rändern auch mit einem Rosa, um diese Farbe herum, um diese Form, diese einfache Blütenform, hat sich dann sozusagen meine Kindheit gelagert. Der Obstgarten mit Kirschbäumen, Apfelbäumen, Zwetschken- und Pflaumenbäumen, mit dem Gras und mit den Hühnern.

Und zugleich dann das Schulzimmer mit den Wänden, an denen Vogelbilder hingen, und, vor allem winters, wenn vor den Fenstern große Flocken herunterfielen, diese Vögel dann zu zwitschern begannen, wobei das natürlich nicht jeder hören konnte.

Da vermischte sich mit dem Apfelblütenduft der Geruch des Schulzimmers. Damals gab es nur Holzböden, Parkettböden, die geölt wurden, so kam noch ein Kräutergeruch dazu und der Geruch der Ausdünstungen, der Kleider.

So hat sich dann dieser Apfelblütenduft mit dem Duft des Obstgartens und des Schulzimmers, mit dem Geruch vielleicht auch eines Mädchens, das man gemocht hatte, schon beizeiten zusammengetan zu einem großen Geruch, der die Farbe Weiß trug, eingerahmt mit einem Rosa.

Das war ein prägender Geruch in meiner Kindheit.

Bei uns gab es kein Buch im Haus, aber eine gebundene Zeitschrift war da. Diesem Zeitschriftenbuch entströmte ein gewisser Geruch nach Papier, der Geruch eines alten Buches, der sich vermischte mit dem des Gerümpels in der Rumpelkammer, einem stickigen, dunklen Raum. Diesen Geruch habe ich mit hinüber genommen in meine späteren Jahre.

Der Holzduft hat mich auch begleitet, er ist mir immer aufgefallen, wenn ich an einem Sägewerk vorbeikam. Der

Geruch frisch geschnittenen Holzes. Das Holz hat schon einen unglaublichen, ich möchte fast sagen, wehmütigen Geruch, es ist der Geruch traktierten Holzes.

Und auch das Brennholz ist traktiertes Holz. Es gibt seinen Duft von sich, wenn man es quasi aufschneidet. Aber es ist dann wieder ein Duft der Geborgenheit, der Wärme, des Zuhauseseins.

Die Gräser habe ich immer geliebt, habe mit ihnen gelebt. Dieses Jahr kamen mir die Gräser bis unters Kinn. Da war ich wieder sehr, sehr glücklich.

Als Kind hatte ich auch immer das Gefühl, sie seien so groß wie ich, ja sie waren noch größer, und die Gräser schmücken ja auch.

Gras hat einen Geruch, alle Gräser riechen, aber vor allem diese blühende Gräser, die haben einen ausgeprägten Geruch.

Ich habe immer Gräser gemocht, Grasländer gemocht, den wilden Westen, die Steppen Rußlands oder die Hochebenen der Mongolei, also Ländereien, Landstriche, wo das Gras den Ton angibt.

Das Gras, das sich wellt, wenn der Wind hineinkommt, sodaß man das Gefühl hat, es fließt davon wie eben das Wasser.

Der Geruch einer Backstube, der ist mir sehr tief eingedrungen.

Meine Schulfreundin, die diese Bezeichnung wirklich verdient, sie lebt heute nicht mehr, die stammte aus einer Bäckerei.

Dort haben wir uns nach Schulschluß, als die Volksschule beendet war, in der Backstube verabschiedet, und es war ein Abschied fürs Leben.

Da spielte der Geruch dieser Backstube hinein, und der ist mir natürlich in Erinnerung geblieben, als Abschiedsgeruch.

Durch viele Jahre meiner Kindheit hat mich dieser Jauche-„Duft" zur Kirschenerntezeit begleitet.

Da haben sich der Duft der Kirschen und der Gestank der Jauche gekoppelt. Dann kam noch das Gezwitscher eines Vogels dazu, ich weiß nicht, wie der heißt, der sich besonders zur Kirschenerntezeit hervortut, mit seinem Geschnatter.

Heute noch, wenn ich Jauche rieche, kann es passieren, daß dann auch gleich ein Kirschbaum voller Kirschen sich einstellt. Das kann sich kombinieren, heute noch.

Dann kommt auch noch das Licht dazu und die Klänge, und das alte Amrain schart sich darum.

Es gibt einen starken Wintergeruch für mich, das ist der Geruch der Schneeschmelze, und zwar im Frühling. Da habe ich immer das Gefühl gehabt, die ganze Welt rieche nach frischer Wäsche.

Genau in diesem Duft starb eine meiner Basen, die Base Elise. Da beobachtete ich am selben Tag, als ich die Meldung erhielt, wie eine Zeitung ein Rad schlug über die Schneefläche hin, vom Wind gejagt, und ich dachte mir, da drin könnte jetzt schon die Todesanzeige gedruckt sein, in dieser Zeitung, die das Rad schlägt über die Schneefläche, die nach frischer Wäsche riecht.

Das hat sich dann zu einem Bild zusammengetan, das unauslöschlich ist bis zum heutigen Tag.

Ich glaube schon, daß Gerüche, Düfte unsere Erinnerung unglaublich in Bewegung setzen. Wo wir Düften begegnen, die uns geprägt haben, dort läuft dann die Erinnerungsmaschinerie auf sogenannten „Hochtouren".

Die Düfte spielen eine wichtige Rolle, ich glaube noch mehr als optische Eindrücke.

Die Erinnerung läuft sozusagen über die Nase.

II.
„Ich habe einen Geruch geerbt"

„Ich bin in der Dunkelkammer entstanden"

Willy Puchner

Willy Puchner, geboren 1952 in Mistelbach, Niederösterreich. Wichtiger Ort in der Kindheit: Ladendorf. Lebt heute in Wien.
Puchner – Photograph und Reisender – ist viel unterwegs. Freunden schickt er selbstverfertigte Postkarten aus aller Welt. Zahlreiche Ausstellungen, mehrere Buchveröffentlichungen, z.B.: „Die Neunzigjährigen" (1980), „Dorfleben" (1983), „Die Sehnsucht der Pinguine" (1992).

Wenn ich mich erinnere, dann kommen verschiedene Gerüche, die Gerüche des Wegfahrens und die Gerüche von zu Hause.

Wegfahren hieß immer, daß wir als Kinder in den Ferien zu unserer Großmutter fuhren. Wenn wir dort waren, war eigentlich immer die Schwammerlzeit, Heidelbeer- und Himbeerzeit.

Ich habe mich ziemlich intensiv an diese Gerüche erinnert, als ich vor kurzem einmal im Wald war und eben wieder Himbeer-, Heidelbeer- und Schwammerlzeit war. Ich bin – im Zuge eines Spiels, an dem ich teilnahm – auf allen Vieren durch den Wald gekrochen, um, wie ein Tier, diese Früchte zu essen.

In dem Moment wußte ich noch nicht, daß ich mich damit an die Kindheit erinnere, sondern habe einfach nur so gespielt und nur gerochen, und diese Gerüche, die waren mir sehr vertraut.

Plötzlich ist mir eingefallen, daß diese Erinnerung mit meiner Großmutter zusammenhängt. Die riesigen Schwammerlberge und die Schwammerlberggerüche, die in ihrer Küche waren, und dann auch diese Vermischung mit den Gerüchen von Heidelbeeren und Himbeeren. Diese Kübel mit Beeren, wo wir als Kinder oft die Nasen so fest hineingesteckt haben. Das war schon eine sehr spannende Geruchsmischung.

Über dem Tisch, auf dem diese Schwammerlberge lagen, hing ein Fliegenfänger von der Lampe. Der hatte so einen süßen Geruch, fast wie Honig.

Ja, und dieser Geruch hat mich lange begleitet. Ich habe mir vor kurzem diese alten Fliegenfängerrollen gekauft und habe sie dann aufgehängt, weil ich halt meine Großmutter wahnsinnig gern hab' bzw. gehabt hab', sie ist schon gestorben. Das war irgendwie ein Geruch, der mit dem Wegfahren zu tun gehabt hat. Eben mit dem Aufs-Land-Fahren.

Meine Eltern haben ein Photoatelier geführt, ich glaube, daß das der früheste Geruch ist, an den ich mich erinnere, die starke Fixierbadlösung in einer Dunkelkammer.

Ich habe immer nur gewußt, daß ich dort nicht hineingreifen darf, und dadurch entstand wahrscheinlich diese Intensität.

Dieser Geruch hat so eine Kontinuität, daß er mich mein ganzes Leben lang begleitet hat. Meine Eltern behaupteten sogar, ich bin in der Dunkelkammer entstanden.

Es gibt einen Geruch, den ich nicht bis in die Kindheit führen kann, den ich wahrscheinlich erzählt bekommen habe, das ist ein Mehlspeisen-Geruch – jede Palatschinke, jeden Kuchen, jede Mehlspeise, all dieses Süße, das habe ich als Kind immer schnell gerochen, das hat mir meine Mutter erzählt: „Ah, du riechst schon wieder die Süßigkeiten."

Das hat in einem gewissen Sinne vielleicht auch mit diesem Fliegenfänger zu tun, also mit Fliegenfängergeruch.

Und dann, das dürfte schon etwas später gewesen sein, ich glaube so zwischen zehn und siebzehn Jahren, da hat sich so eine Vorliebe entwickelt, im weitesten Sinn, für Moder. Also für alles, was modert oder schimmelt.

Damals hätte ich es nicht so benennen können, wie jetzt. Ich würde sagen, das sind so die Gerüche, wo sich das Vergängliche am stärksten ausdrückt. Das sind diese kalten, nassen Kellergerüche, wo etwas Verfallenes war.

Ich habe angefangen, auf Miststätten zu gehen, und habe diese Ausflügen dann mit Photographieren verbunden.

In der Gegend, wo ich wohne, hat es einen alten Ölteich gegeben, in den die Leute alles hingeworfen haben. Dieser Abfall hat dann einen ganz spezifischen Geruch gehabt, der sicher dazu beigetragen hat, mich in meiner Bilderwelt zu animieren. Es waren auch irgendwie die ersten Photographien, wo ich das Gefühl gehabt habe, das sind Photographien, die eben ein bißchen von diesem Moder enthalten.

Es gab bei diesem Ölteich eine Sammlung von Gerüchen, auch Chemikalien, nicht nur dieser Naturgeruch. Darum habe ich auch irgendwie das Gefühl, wenn ich so darüber nachdenke, daß es da zwei Arten von Gerüchen gab.

Einerseits dieser vergängliche, industrielle Geruch und andererseits dieser Naturgeruch, den ich immer mit der Großmutter in Verbindung gebracht habe.

Die Verbindung dieses Industriegeruchs und des Naturgeruchs ist dann zufälligerweise der Fliegenfänger. Der hat die Fliegen über den Schwammerlbergen und Heidelbeer- und Himbeerbergen vernichtet, die natürlich riechen. Und darüber der extrem süßliche riechende Fliegenfänger.

Alte Töpfe, wo noch ein bißchen was drinnen war, alte Schutt-Ablagerungsplätze, Keller, ... In diesen Dingen habe ich dann auch Strukturen gesehen.

Ich habe auch begonnen, Gerüche spezifisch zu konservieren. Ich sammle Rosen und bewahre diese Rosen in Behältern auf, die ziemlich dicht sind. Diese versuche ich dann sehr lange nicht zu öffnen, nur hin und wieder nehme ich sozusagen eine Brise. Wenn ich nur für wenige Sekunden den Behälter öffne, strömt dann dieser vermodernde Rosengeruch heraus. Dieser Geruch reicht ganz weit zurück.

∾

„Ich habe einen Geruch geerbt"

Caspar Pfaundler

Caspar Pfaundler, geboren 1959 in Innsbruck. Lebt in Wien.
Intensive Beschäftigung mit Film. Dissertation über „Das Meer im Film". Drehbücher, eigene Filme.

Die ersten Einnerungen sind eher geruchlos, das sind Bild- und Tonsachen, so Lichtreflexe von Autos, die an meinem Zimmer vorbeifahren, und Amseln, die ich höre.

Aber dann, das erste, an das ich mich erinnern kann, ist Kinderöl, der Geruch des Kinderöls.

Meine Mutter hat mich damit eingeölt, und ich habe das eher unangenehm in Erinnerung, weil meine Mutter ziemlich kalte Hände hatte. Das war immer ein so ein Schock, und deswegen ist es mir in Erinnerung geblieben. Das Produkt gibt es heute noch, und ich kenne den Geruch.

Eine ganz frühe Erinnerung: Milch, aber keine Muttermilch, sondern angebrannte, dieser leicht bittere Geschmack. Ich nehme an beim Windelnwechseln – das war bei uns in der Küche – habe ich das mitbekommen, wenn Milch verbrennt.

Das ist aber nicht negativ besetzt, es war nur sehr penetrant.

Als Kind differenziert man ja nicht zwischen guten und bösen Gerüchen, es riecht einfach, unbesetzt.

In Holland – meine Mutter ist Holländerin – haben wir den Sommer zum Teil am Meer, zum Teil in einer Heidelandschaft, bei den Großeltern, verbracht. Es sind ganz intensive Gerüche, weil es sehr trocken ist, es ist eigentlich eine alte Dünenlandschaft mit Heidekräutern, ein Naturschutzgebiet, daran kann ich mich noch erinnern.

Das ist auch etwas, das ich jetzt noch sehr gerne habe, wenn ich in so eine Heidelandschaft komme, diese ganz würzige Luft und das Meer, das Salzige.

Nicht nur das Sehen war wichtig, es war für mich auch eine Geruchslandschaft.

Das Haus meiner Großmutter, das es ja jetzt noch gibt, ist verbunden mit ganz eigenen Gerüchen, weil sie eine sehr „pflegende" Frau ist, daß heißt, die Möbel wurden sehr oft poliert. Da gab es dann eine ganze Geruchslandschaft von Möbelwachsen und Polituren, Gerüche, die dann auch über die Möbel in die Kleider gegangen sind.

Ich habe auch Anzüge meines Opas geerbt, und in meinem Kasten riecht es jetzt so wie in dem holländischen Kasten. Ich habe also einen Geruch geerbt.

Dann kommt natürlich Tirol, wo ich bei der Heuernte diese ganz starken Heudüfte erlebte – etwas, das jetzt immer mehr verloren geht, weil das Heu durch diese neuen Maschinen nicht mehr so lang auf den Wiesen liegen bleibt. Es wird viel schneller eingeholt, und es kommt gar nicht mehr zu diesem intensiven trockenen Geruch, diesem ganz starken Heugeruch.

Der Vater hat mir auch Gerüche gezeigt, indem er mir Blätter von bestimmten Bäumen abgerissen und zerrieben hat, damit sie ganz stark riechen.

Das hat mich als Kind schon fasziniert, daß alles auch Gerüche hat und daß Gerüche dazu dienen, Dinge zu erkennen. Schwammerln zum Beispiel, beim Schwammerlsuchen riecht man daran.

Die Gerüche der Stadt. Was mich schon früh fasziniert hat: Asphalt.

Wenn der irgendwo auf der Straße aufgebracht wurde, bin ich extra hingegegangen, um zu riechen.

Daß die Erwachsenen verschieden riechen, habe ich als Kind mitbekommen an den Gerüchen. Wenn man die Kästen aufmacht, Vaterkasten, Mutterkasten – an den Gewändern hängen die Gerüche.

Ich kenne den Geruch meines Vaters, aber ich kann nicht sagen, wie früh ich den wirklich wahrgenommen habe. Ich erkannte eher die Gegenstände, die riechen und zu bestimmten Erwachsenen gehören.

„Ein Tabernakel im Wohnzimmer"

Evelyn Schlag

Evelyn Schlag, geboren 1952 in Waidhofen an der Ybbs. Schriftstellerin. Lebt in Waidhofen und in Steyr, Oberösterreich.
Mehrere Bücher im S. Fischer-Verlag: „Beim Hüter des Schattens" (1984), „Brandstätters Reise" (1985), „Die Kränkung" (1987), „Ortswechsel des Herzens" (1989), „Der Schnabelberg" (1992).

Ich bin im Haus der Großeltern aufgewachsen. Meine Eltern haben zwar auch in diesem Haus gewohnt, aber da habe ich kaum Erinnerungen.

Wenn ich zurückdenke, dann sehe ich mich in der Wohnung der Großeltern. Mein Großvater hatte ein Ledergeschäft, „Lederhandlung" stand da, er hatte vor allem Oberleder für Schuhe, Treibriemen, Koffer ... Er schnitt das Leder zurecht, und dieser Geruch des Leders, das ist ein intensiver Geruch meiner Kindheit.

Ich habe immer am Leder gerochen, und zwar nicht vorne, an der glatten Seite, sondern hinten, an der rauhen Fläche.

Zweimal in der Woche kamen viele Leute, da war Wochenmarkt. Das gibt es auch heute noch. Wenn Wochenmarkt ist, dann kommen die Bauern von den Dörfern ringsum und kaufen ein, was sie brauchen.

Ich weiß noch, in dieser Lederhandlung des Großvaters, da gab es eine eigene Abteilung, wo all die Koffer gestanden sind. Und dahinter hatte ich mir ein kleines Büro eingerichtet.

Ich war drei oder vier Jahre alt, ich konnte noch nicht schreiben. Aber ich saß da, in diesem Leder-Geruch und kritzelte Zeichen auf das Papier. Ich fühlte mich sehr wohl in diesem Geruch, in diesem kleinen Büro.

Ich sehe noch die Dinge im Geschäft vor mir, Holznägel, Pechdraht, Lederfett, Werkzeug aller Art. Und sonderbar – ich weiß noch, wie die Dinge gerochen haben, aber ich könnte nicht sagen, wie mein Großvater gerochen hat.

Ich bin oft auf seinem Schoß gesessen, und ich weiß, daß er geraucht hat, aber ich erinnere mich an keinen bestimmten Geruch.

Im Wohnzimmer hatten wir ein kleines Kästchen mit Holztüren, da waren die Medikamente drinnen. Die Türen haben so leise gescheppert, beim Öffnen. Dieser Medikamenten-Schrank ist mir immer wie ein Tabernakel vorgekommen, ein Tabernakel im Wohnzimmer.

Ich weiß nicht, wonach es genau gerochen hat, nach Kampfer, nach Hustensaft, es war ein scharfer, ganz eigener Geruch, der sich schwer beschreiben läßt. Aber dieser kleine Geruchs-Schrank hat mich fasziniert. Da war das Bett, davor eine Kommode, und gleich neben dem Bett war dieses Kästchen.

Immer, wenn ich in der Kirche gesehen habe, wie der Pfarrer die Tabernakeltür geöffnet hat, dann mußte ich an dieses Medikamenten-Kästchen in unserem Wohnzimmer denken. Das durfte ich auch nie allein öffnen.

Am stärksten ist aber doch der Ledergeruch in meiner Erinnerung. Als mein Großvater mit 59 Jahren starb, wurde das Geschäft verkauft. Ich war noch einmal dort, habe mir alles angeschaut. Am liebsten hätte ich viele Dinge mitgenommen, sie einfach abgeschraubt. Auch die Tür, die wir da hatten, ich höre jetzt noch dieses Einschnappen des Schlosses.

Man kann diese Dinge nicht alle mitnehmen, ich habe versucht, sie mit Gedichten mitzunehmen, sie so aufzubewahren. Es gibt zum Beispiel ein Gedicht über ein Ledermesser. Mit dem hat mein Großvater das dicke, harte Leder zurechtgeschnitten. Ich hatte als Kind immer Angst vor diesem Messer.

Ich habe es bei mir inzwischen, das ist auch so eine Erinnerung, die mit diesem Ledergeruch zu tun hat. Ich habe es auf meinem Schreibtisch liegen.

∞

III.
„Man ist als Kind eine riesige Nase"

"Der Geruch nach Waffeln, das ist für mich ein Abschiedsgeruch"

Christine Ostermayer

Christine Ostermayer, geboren 1937 in Wien. Schauspielerin.

Ich bin im dritten Bezirk aufgewachsen.

Im Kindergarten war ich mit zwei Kindern befreundet, mit denen ich sehr gern mit nach Hause gegangen bin.

Die Wohnung war schön, mit großen Zimmern, und vor allem hat es da so gut gerochen.

Die Mutter der Kinder hat nämlich oft Waffeln gebakken, und das war ein ganz wunderbarer Geruch.

Eines Tages kamen die Kinder nicht mehr in den Kindergarten. Da bin ich ganz allein zu diesem Haus gegangen. Ich ging in dieses schöne Haus hinein, ich ging eigentlich nur dem Geruch nach.

Und dann stand ich vor der Wohnungstür, und die Wohnung war leer.

Später habe ich dann erfahren, daß das eine jüdische Familie war, die weggegangen ist oder abgeholt worden ist, ich weiß es nicht.

Ich weiß nur, daß ich diesen Geruch nach Waffeln nie vergessen werde. Der Geruch nach Waffeln, das ist seither für mich ein Abschiedsgeruch.

∞

„Die Gerüche sind noch vor den Wörtern"

Urs Faes

Urs Faes, geboren 1947.
Lebt in Olten in der Schweiz.
In seinen Büchern setzt sich Faes immer wieder mit dem Phänomen der Erinnerung auseinander.
Einige Buch-Titel: „Alphabet des Abschieds", „Sommerwende", „Bis ans Ende der Erinnerung".

Wenn man sich, wie das bei mir der Fall ist, sehr mit dem Phänomen der Erinnerung, auch literarisch, auseinandergesetzt hat, eben mit jenem Vergangenen, das nie vergangen ist, sondern uns begleitet, so sind es, wenn ich an meine Kindheit denke, zunächst wirklich vor allem Gerüche.

Ich vermute, daß das damit zusammenhängt, daß man als Kind viel stärker auf den Geruch sensibilisiert ist, daß die Sinne eben sehr stark sind in der Wahrnehmung, noch nicht verfälscht von Wörtern.
    Die Gerüche sind vor den Wörtern.

Wenn ich zurückgehe auf meine allerfrüheste Erinnerung, dann ist das ein Geruch. Ich erinnere mich an einen penetranten Jodgeruch.

Jedesmal, wenn der irgendwo auftaucht, fühl' ich mich dahin zurückversetzt, wo ich mich nicht sehen kann, so klein war ich, das muß so in einem Alter zwischen drei und fünf gewesen sein. Mit fünf kann ich's dann langsam situieren, da seh' ich mich in Bildern, wenn der Geruch kommt, sehe, wo ich hingehe.

Auch heute, wenn dieser Jodgeruch irgendwo auftaucht, bricht mir der Schweiß aus allen Poren, es wird mir eng, stickig, ich kann es kaum aushalten, und ich muß dann ins Freie.

Ich bin dem nie nachgegegangen, ich vermute, daß es damit zusammenhängt, daß mein Vater sehr früh krankgeworden ist, daß dieser Jodgeruch in unserem Haus gehangen hat.

Meine Großmutter war im Haus, krank. Daher dieser Geruch, den ich dann auch mit Jodgeruch, Krankheit, Tod, Beerdigung assoziiere.

Ständig steigen in mir diese Bilder auf, die Leichenzüge, wo man mit Pferden den Sarg durch das Dorf geführt hat, und die Gemeinde ist nachgefolgt, und offensichtlich hat sich für mich als Kind diese Assoziation ergeben.

Meine Mutter hat einen kleinen Quartierladen geführt, in der Nähe einer Fabrik. So ein alter „Tante-Emmma-Laden", sagt man bei uns, wo noch alles verkauft wurde. Da gab es alle Gewürze offen in der Schublade, und die Mutter hat sie dann in kleine Säckchen abgefüllt, Zimt, Kümmel und so weiter.

Ich habe mir als Kind solche Geruchspaletten zusammengestellt, von allem eine Messerspitze genommen und unter der Nase mir Geruchswelten erbaut, mit den damals üblichen Gerüchen.

Es ist ganz erstaunlich, daß ich dank dieser Gerüche – im Laden kamen noch andere dazu – die präsisesten Erinnerungen meines Lebens habe. Diese Erinnerung, die ich über die Gerüche zurückhole, Erinnerungen an Gesichter, an Frauen, die in den Laden kamen, an Rentner, die auftauchten, Menschen, die ich längst vergessen hatte, deren Namen ich zum Teil nicht mehr weiß, aber ich sehe sehr genau ihre Gesichter vor mir.

Wie zum Beispiel in dem Moment, da ich mit meinen Zimtgerüchen beschäftigt war, ich eben die Stimmen hörte und dann vom Geruch her den Stimmen bestimmte Gesichtern zuordnete.

Auch wenn ich jetzt rede, sehe ich Bilder vor mir wie ein gemaltes Buch.

Ich weiß noch, daß die Menschen für mich als Kind zum Teil auch wieder an ihren Gerüchen erkennbar waren. Frauen, die von der Arbeit kamen, die Fabriksarbeiter (es war eine Schuhsohlenfabrik in der Nähe), die den Leimgeruch, vom Kleben der Absätze, in den Kleidern trugen.

Es ist ja schon lange so, daß die Gerüche zurückgehen, wir benutzen Deodorants und haben keine Transpiration mehr oder alle die gleiche.

Aber, daß diese Verarmung eingetreten ist, ist mir erst bewußt geworden, als ich in das Dorf meiner Kindheit zurückgekehrt bin und dann wieder ganz präzise wußte, da waren die und die Gerüche. In dem Moment beginnt man zu suchen, da wird der Verlust evident. Deshalb war es ein ziemlich niederschmetterndes Erlebnis, diese Rückkehr in das Dorf meiner Kindheit.

Ich weiß heute, daß das Dorf meiner Kindheit eben nur noch in meiner Erinnerung existiert, und diese Erinnerung bezieht sich in erster Linie auf Gerüche. Sie ist darin im doppelten Sinn des Wortes aufgehoben.

„Man ist als Kind eine riesige Nase"

Wolfgang Ebert

Wolfgang Ebert, geboren 1923 in Düsseldorf. Schulbesuch in Berlin und in der Schweiz. Lebt in München. Schriftsteller. Ständiger Kolumnist der deutschen Wochenzeitschrift „Die Zeit".
Im Buch „Das Porzellan war so nervös" (1975) erinnert sich Wolfgang Ebert an seine Kindheit.

Ich habe das Gefühl, daß in der Kindheit das wichtigste Sinnesorgan die Nase ist. Man ist als Kind eine riesige Nase.

Einige Gerüche, die mir spontan einfallen: der Geruch von warmer Milch. Ich gehörte zu jenen Kindern, die auch den Rahm gerne hatten.

Dann – im Schwarzwald, auf Urlaub – sehe ich mich mit meinem Vater nach vor gehen, zu den Lokomotiven, die damals ja noch mit Kohle gefeuert wurden. Der Geruch dieser Maschinen, der Geruch der Lokomotive, das ist mir deutlich in Erinnerung.

Oder das Holz, das geschnittene Holz, das da aufgeschichtet am Wegrand lag. Dieser starke Holz-Geruch.

Der Asphalt-Geruch, der Geruch von Teer, wenn die Straßen neu asphaltiert wurden, das ist auch so ein Geruch, den ich sofort in der Nase habe.

Wir waren oft bei Malern zu Besuch, in Maler-Ateliers.
Da weiß ich noch, den Geruch der Bilder, der Geruch der Lacke und Farben. Diese Ateliers, die waren für uns das schönste Geruchserlebnis, es gab unglaublich viel zu schauen und zu riechen.

Mit fünf oder sechs Jahren beschloß ich, auf Weltreise zu gehen. Ich wollte unbedingt eine Weltreise machen.
Ich sammelte Zigarettenschachteln, und dann ging ich daran, ein Fahrzeug zu basteln. Um die Zigarettenschachteln zu verbinden, verwendete ich Harz. Ich kratzte das Harz von den Bäumen und verleimte die Schachteln. Dieser Harz-Geruch, der wird mir auch unvergessen bleiben. Das war der Geruch meiner ersten großen Weltreise.

„Eine Patina von Gerüchen"

Josef Aichholzer

Josef Aichholzer, geboren 1950 in Villach. Filmemacher, z.B. „Body Body" (1988), ein Film über unseren Umgang mit dem Körper. Im Film „The more I see you" (1992) geht es ums Genießen.
Josef Aichholzer lebt in Wien.

Wenn ich an meine persönliche Kindheit denke und ihre Gerüche, ist das für mich ein Nest. Das ist ein Dorf, wo meine Mutter her ist, ein kleines Dorf, wo ich vor allem im Sommer immer gewesen bin. Zwanzig Häuser, die Straße ohne Asphalt. Man fährt hinter dem Haus hinein, und dann ist es der Geruch, der einem entgegenschlägt, nicht einmal das Bauernhaus, sondern alles, was von der Scheune und vom Stall kommt.

Ich kann mich erinnern, daß ich als Kind eigentlich nie zuerst die Tür aufgemacht habe, um meinen Onkel zu sehen, sondern was mich mehr fasziniert hat, war der erste Schritt in den Stall.

Das war auch dieser Kosmos der Töne und des Geruchs. Die Töne des Grunzens, dieses eigenartige Peitschen der

Schwänze, gerade des Pferdes, das so ein wahnsinnig schönes, zischendes Singen hat. Und das Ganze vermengt mit dem Geruch, nach dem ich mich immer zurückgesehnt habe.

Ein sehr starker Geruch, der mir bis heute auch in der Nase ist, das ist zum Beispiel der Stock über dem Stall, das ist dieses getrocknete Heu, Geruch der Hitze, Geruch der Sonne, Geruch des Trockenen und Feuchten zugleich, das ist alles in diesem Heu zu riechen. Dieser Geruch evoziiert etwas, das jenseits der Sprache liegt, etwas wie Emotionen. In diesem Geruch sind sicher sehr starke Kindheitserlebnisse gespeichert, die immer wieder, vielleicht auch unbewußt, aber sehr sehr tief zum Schwingen kommen. Und ich glaube auch, daß das die Faszination dieses Wiederriechens ausmacht. Das ist so ein bewußtes oder unbewußtes Wieder-hineinfallen in eine Welt, die oft auch sehr stark mit einzelnen Personen verbunden ist.

Da gibt es zum Beispiel eine alte Großtante, die hat in einer Holzhütte gewohnt, in so einer Holzbaracke in der Nähe der Stadt, in der ich gewohnt habe. Da gab es so ein kleines Wäldchen, wo man spielen konnte, und so eine Wasserpumpe, wo man Pumpen konnte.

Aber neben diesem Abenteuerlichen war es auch immer eine Abscheu, weil es in diesem Haus diesen, für mich als Kind abstoßenden Geruch gegeben hat. Etwas Süßliches, dieser Geruch, der für mich in diesem Fall von diesem alten Menschen gekommen ist. Das war kein Geruch von etwas Bösem, aber es war ein Geruch, von dem ich diese Abscheu hatte. Das war so eine Patina von Geruch, die dann alles überlagert hat.

Natürlich war die alte Frau sehr lieb, natürlich haben wir dann Saft zum Trinken bekommen, und natürlich habe ich den Saft getrunken, aber immer mit so einer Spur des kleinen Ekels, weil diese Patina des Geruchs alles überlagert hat.

Ich kann mich, gerade was diesen Geruch betrifft, erinnern an einen Moment, wo ich in Wien, öfter zu Bekannten in ein Haus gekommen bin und lange nicht gewußt habe, was das ist im Stiegenhaus. Und mit einem Mal habe ich mich zurückerinnert. Das war diese Abneigung, das war dieser süßliche Geruch, genau wie von dieser Frau damals.

Für mich ist der Sommer sehr wichtig. Ich bin, ohne am Meer zu liegen und mich dort einmal ein paar Tage dörren zu lassen, ein halber Mensch, und das hat auch mit diesem Geruch oder auch dem Prickeln auf der Haut zu tun.

Der Geruch des Sommers, dieses Flirren, diese Hitze, sie ist konsequent, sie reinigt irgendwie alles, sie vertreibt auch alle von der Straße. Was mir dann daran gefällt, das ist diese Fülle und Leere zugleich.

In meiner Erinnerung, sagen wir als Kind, war der Sommer ganz anders.

Denn da war alles, was unter dreißig Grad war, langweilig, und was über dreißig war, fühlte sich an, als könnte man darin baden, nämlich in der Luft. Wir waren in meiner Erinnerung, und da war es nur heiß, mehr oder weniger nackig, halt mit Badehoserl sind wir herumgetollt und das ist sicher auch dieser Geruch des Staubigen, des Ausgedörrten.

Das gesättigte Heiße in der Luft, in das ich mich voll reinfallen lassen kann, um dann ins Wasser zu springen.

Ich bin in Kärnten aufgewachsen und war tagtäglich als Kind im Wasser. Diese Mischung aus Dörren und aus Hitze. Wasser aus der Nase pusten, Küste, Meeresduft!

Wasser ist etwas, das mir hier fehlt. Vor allem Meeresgeruch, den es ja bei uns nicht gibt.

Oder der klassische Geruch eines Hafens, die Algen, die Modrigkeit, das ist so ein Geruch, in den ich mich gern hineinsetze und den es bei uns eben nicht gibt. Geruch ist auf der einen Seite so unbeschreiblich, und auf der anderen Seite ist er wiederum so stark verbunden mit emotionellen Erlebnissen.

Es gibt den Geruch, der aufregt, der erbittert oder erschreckt, weil er mit einem Erlebnis verbunden ist. Ich habe keine Erinnerungen an schreckliche Erlebnisse, doch aber an unangenehme Assoziationen aus meiner Kindheit.

Zum Beispiel das „In-den-Keller-gehen" – mit unangenehmen Sachen wie Kohlen holen müssen oder andere Dinge, als Pflicht, in die ich als Kind eingebunden war – war mir einfach lästig. Der Geruch der Briketts im Keller ist ein Geruch, der aus diesem Grund ein langweiliger Geruch geworden ist.

Mit Angst ist der Geruch auch verbunden. Angst eigentlich eher vor der Dunkelheit, denn die war mir nicht ganz geheuer.

Meine Kindheitsgerüche sind sehr stark verbunden mit Heimat und Dorf, mit Tieren, mit Arbeit. Da meine ich aber eher Arbeit aus Kinderaugen gesehen. Ich scheue mich davor, das Romantik zu nennen, aber meine Geruchserinnerungen, wie alles, sind mit verschiedenen Erlebnissen verbunden.

Der Geruch der schwitzenden Onkel und Tanten, die damals noch zusammengehalten haben, um das Heu einzubringen. Das mußte schnell gehen, denn es hätte ja regnen können. Da waren wir oft bei den Pferden, damals hat es am Feld noch Pferde gegeben und haben dabei das Pferd und seinen Geruch sehr stark erlebt. Die Erwachsenen haben dabei natürlich auch geschwitzt, eigentlich ein sehr angenehmer Schweiß.

Wir Kinder sind im Heu herumgesprungen. Ich habe vor kurzem wieder Heu gerochen, und die Erinnerung ist sofort wieder da, wenn ich das rieche. Es ist ein Geruch, der mich fast glücklich macht, der mich freudig macht.

„Es roch nach Theater"

Emmy Werner

Emmy Werner, geboren 1938 in Wien.
Schauspielerin. Regie-Arbeiten. Gründung des Theaters in der Drachengasse.
Seit 1988 Direktorin des Volkstheaters Wien.

Ich bin in einer sparsamen Zeit aufgewachsen.

Die erste anheimelnde Atmosphäre erlebte ich im gut geheizten Arbeitsraum meines Vaters, daran kann ich mich erinnern, auch vom Geruch her.

Mein Vater, Hans Werner, war Schriftsteller. Er schrieb Texte für Wienerlieder, wie etwa „Es steht ein alter Nußbaum draußt in Heiligenstadt …"

Mein Vater war ein Opernfanatiker und ein wandelndes Lexikon. Ich sehe ihn vor mir, in seinem Arbeitszimmer, und dazu die vielen, vielen Bücher. Der Geruch in diesem Zimmer war eine Mischung aus schwarzem Kaffee, den meine Mutter immer braute, Zigarren und Büchern. Da hat ja alles für sich einen eigenen Duft, und das alles hat sich da vermischt in diesem Zimmer. Ich hab' mich sehr geborgen gefühlt in diesem Geruch.

Die in der Nachkriegszeit sehr kostbare Wärme und der Geruch, auch die spürbare Anwesenheit meines Vaters, das strahlte viel Ruhe und Sicherheit aus.

Ein anderer wichtiger Kindheitsgeruch: Der Geruch des Theaters, und zwar der spezielle Duft hinter den Kulissen.

Das ist ein Geruch aus meiner frühesten Kindheit. Mein sehr viel älterer Bruder ist Schauspieler, und schon im Alter von neun Jahren hat er mich mit ins Theater genommen. Während die anderen probten, durfte ich herumgehen und mir alles anschauen. Es war ein Schauen und ein Riechen, auch ein Staunen über all die Dinge, die möglich sind in einem Theater.

Aber es war auch der Geruch, der mich nicht mehr losgelassen hat. Ich habe diesen speziellen Theatergeruch immer wieder gesucht und gefunden.

Ein dritter, sehr lebendiger Geruch meiner Kindheit ist der Geruch einer alten Gemischtwarenhandlung. Der Vater einer Jugendfreundin war Kaufmann, er hatte so ein kleines Lebensmittelgeschäft, in dem man fast alles bekommen konnte. Sonntags durften wir zwei Mädchen in diesem Geschäft „Kaufmann" spielen. Wir kauften und verkauften, wir öffneten alle Schubladen, schauten uns alles an. In diesem Geschäft gab es herrliche Gerüche.

Ein Geruch, der mir jetzt beim Erzählen in die Nase kommt: der Geruch jener Lade, die mit Mehl und Grieß gefüllt war.

IV.
„Der Geruch des Vaters am Wochenende"

„Der Geruch des Vaters am Wochenende"

Hans Kann

Hans Kann, geboren 1927 in Wien. Pianist und Komponist. War bereits mit 28 Jahren Leiter der Meisterklasse für Klavier an der staatlichen Kunsthochschule in Tokio.
Konzerte im In- und Ausland. Zahlreiche Schallplattenaufnahmen. Seit 1977 Professor an der Wiener Musikhochschule.

In den ehemaligen Volksschulen und Haupt- und Mittelschulen sind die Klassenzimmer und die Gänge und auch die Toiletten immer mit irgend so einem Chloroformgemisch aufgewischt worden. Das hat einer Schule immer so etwas „Spitalsverwandtschaftliches" gegeben. So wie man in der Kirche den Weihrauch riecht, riecht man in der Schule das Chloroform.

Diesen Geruch, den man ja im Laufe der Jahre vergessen hat, habe ich komischerweise nach dem Krieg wiedergefunden, in den Oststaaten. In den Büros oder in den Künstlerzimmern der Konzertsäle, da wurde auch mit so einer Art Lysoformgemisch aufgewaschen. Da waren Bedienerinnen, die mit einer langen Stange herumgefahren sind, und die hatten auch diesen Geruch.

Dieser Geruch ist ein Relikt meiner Kindheit, aber er ist irgendwie erhalten geblieben, und er existiert noch.

Der zweite Geruch ist ein sehr delikater. Es ist der Geruch eines Morgenkaffees in einem Landgasthaus.

Im Landgasthaus gab es damals, vor dem Krieg, keine Espressomaschinen. Der Kaffee war in den seltensten Fällen reiner Bohnenkaffee, sondern er bestand aus Bohnenkaffee und aus Feigenkaffee. Es war ein eigenartiges Gemisch, das hat dem Kaffee so etwas Rundes, Molliges gegeben, aber es war natürlich kein reiner Kaffee mehr.

Und dieser Kaffee, in Verbindung mit der Kuhmilch, hat einen ganz eigenen, spezifischen Geruch gehabt. Diesen Geruch habe ich eigentlich nie mehr wieder erlebt oder wieder gefunden.

Der dritte Geruch ist der Geruch meines Vaters am Wochenende. Mein Vater war begeisterter Sportfischer, zum Entsetzen meiner Mutter.

Am Wochenende ist er meistens am Samstag in der Früh zum Fischen gegangen, ganz zeitig um vier oder fünf hat er sich mit Freunden getroffen. Er hat seine ganzen Fischereisachen eingepackt.

Und das Einpacken, das war schon mit den Relikten, mit den zurückgebliebenen Gerüchen des vorigen Wochenendes verknüpft. Das ganze Vorzimmer hat nach Fisch gerochen.

Dann erst, wenn er zurückgekommen ist, dann erst hat die Wohnung nach frischem Fisch gerochen, und zwar nach frischem Süßwasserfisch. Es waren meistens Karpfen oder Hechte. Er hat sie nicht am Rande des Ufers abgeschlagen, also getötet, sondern er hat sie einfach in feuchte Blätter eingewickelt.

Interessanterweise waren die phlegmatischen Karpfen lebenstüchtiger. Haben die Karpfen das überlebt, wurden sie in der Badewanne ausgelassen. Und nach ein paar Minuten sind sie wieder lustig geworden und sind da ein, zwei Tage herumgeschwommen. Das hat einen gewissen Sinn gehabt, weil sie durch dieses Auswassern alle möglichen sumpfigen Gerüche verloren haben, und sie haben dann ganz lecker geschmeckt.

Dieses Ausbacken der Fische und die Blätter dazu haben die Wohnung natürlich wieder in eine Symphonie von Fischgerüchen getaucht, zum Entsetzen meiner Mutter. Wir waren alle keine Fischer, wir sind nur fallweise mitgefahren, aber begeisterte Fischesser.

Fischesser und Fischfänger sind zwei verschiedene Menschenrassen.

Das war der Geruch, der mich an meinen Vater erinnert hat, und zwar schon deswegen, weil natürlich nicht nur der Fisch selbst, sondern sein ganzes Gewand, der Hubertusmantel, die Hosen, alles nach Fisch gerochen hat. Es hat ungefähr bis Dienstag, Mittwoch gebraucht, daß dieser Geruch aus der Wohnung verschwunden ist. Und wenn dann wieder ein schönes Wochenende war, kam der Geruch natürlich wieder.

Nummer vier ist auch ein sehr interessanter Geruch, den sich die jungen Leute von heute überhaupt nicht vorstellen können, das ist der Geruch von Ruß und Rauch, und zwar von einer Dampflokomotive.

Dampflokomotiven sind ja bekanntlich Anfang der sechziger Jahre in ganz Europa, auf der ganzen Welt eingestellt worden. Es gibt noch die Rax-Bahn oder die Liliputbahn, wo noch so ein pfauchender Kohlenrauch in die Luft hinausgepufft wird.

Das war an sich sehr romantisch, das war kein negativer, ungeliebter Geruch, eher ein sehr romantischer Geruch. Und vor allem dieses Tschtschtsch von der Eisenbahn dazu, das rhythmische Arbeiten der Lokomotive und der großen Räder und der Kolben, das ein ständiges Accelerando war, und das mit dem Geruch des Rauches, das war ein richtiges Reiseabenteuer.

Das einzig Gefährliche war, wenn man die Strecke nicht gekannt und einfach im Sommer die Fenster fröhlich offengelassen hat, die Einfahrt in einen Tunnel. Das war furchtbar, weil der ganze Rauch wurde in die Abteile gedrückt, die Leute haben gehustet, es war zum Herzerweichen. Man hat dann sofort die Fenster geschlossen, aber der Rauch war natürlich schon einmal drinnen, man hat also weiter gehustet, und hat sich dann gefreut, wenn die Eisenbahn den Tunnel wieder verlassen hat. Man hat die Fenster geöffnet und wieder frische Luft geatmet. Durch den Ruß waren alle Hemden grau, jede Reise hat dann mit einer großen Wäsche geendet.

Das sind meine vier charakteristischen Gerüche, an die ich mich noch aus meiner Kindheit erinnern kann.

„Sogar auf dem Klo roch es gut"

Christine Nöstlinger

Christine Nöstlinger, geboren 1936 in Wien. Studium an der Kunstakademie. Zahlreiche Bücher. Romane, Erzählungen, Drehbücher, Gedichte, Kinder- und Jugendbücher.
Christine Nöstlinger zählt zu den bekanntesten Autorinnen Österreichs. Lebt mit ihrem Mann Ernst Nöstlinger in Wien und im Waldviertel.

Ich erinnere mich an zwei ganz verschiedene Gerüche. Da sind die Gerüche von Dingen und andererseits, und das ist für mich in der Erinnerung wesentlich stärker, die Gerüche von Menschen.

Als ich ein Kind war, waren die Zeiten ja nicht so hygienisch wie heute. Außerdem, selbst wenn die Leute selbst sehr hygienisch waren, sie hatten keine Düfte. Mehr als Schichtseife und Hirschseife hat es ja damals in der Nachkriegszeit nicht gegeben.

Damals haben, glaube ich, die Menschen intensivere Eigengerüche verströmt, als das heute der Fall ist.

Ich nehme an, ich habe die Gerüche der Menschen, die ich gemocht habe, als gute Gerüche in Erinnerung und die der Menschen, die ich nicht leiden konnte, als schlechte.

Denn man kommt ja nicht auf die Welt und findet einen Geruch gut oder schlecht, sondern je nachdem welche Erfahrungen man damit verknüpft, wird es dann ein guter oder schlechter Geruch.

Der schönste Geruch war der meines Vaters. Gerüche kann man schwer beschreiben, aber sicher war sehr viel Tabak dabei, ein bißchen Schweiß, ich glaube, er hat nicht einmal ein Rasierwasser benutzt, und dann natürlich sein eigener Geruch. Das ist vielleicht nicht sehr appetitlich, aber ich hab' sogar den Geruch geliebt, nachdem er am Klo war. Bei den meisten Menschen, wenn ich aufs Klo gegangen bin, hab' ich gewartet, zehn Minuten, eine Viertelstunde, je nachdem. Aber Klo nach meinem Vater, auch wenn sich da sein Geruch mit Scheiße vermischt hat, war mir angenehm.

Bei den Menschen erkenne ich Gerüche nicht wieder, denn die gibt es ja nicht mehr, außerdem haben sich die Menschen auch verändert.

So wie mein Vater im Jahre 1940 roch, so hat er vor fünfzehn Jahren nicht mehr gerochen, denn da hat er Davidoff benutzt und nicht mehr Schichtseife. Er hat auch nicht mehr so nach Zigaretten gerochen, denn mit der Zigarettenmarke verändert sich der Geruch. Es ist ja auch ein Unterschied, ob man Marlboro oder „Dreier" raucht.

Dann hat es natürlich auch Leute gegeben, deren Geruch ich überhaupt nicht mögen hab'. Ich könnte den Geruch dann nur mit fad, abgestanden beschreiben. Ich hab zum Beispiel einen bestimmten Geruch in der Nase. Kinder riechen oft noch gleich wie früher. Hin und wieder gehe ich in eine Schule, vorlesen oder so, und da gibt es immer noch Kinder, die riechen so, wie ich es früher nicht leiden hab' können.

Das ist so ein merkwürdiger, fader, abgestandener Geruch. Ich kann ihn nicht beschreiben, aber ich verbinde ihn immer mit Streberin, so riecht eine Streberin, das ist eine, die aufzeigt und sagt: „Bitte, die hat …" – das ist für mich die Vorstellung bei dem Geruch.

Oder der für mich damals sogenannte „Buama-Geruch".

Die Buama – die Buben – haben bei uns in der Gegend, für mich, alle einen eigenen Geruch gehabt.

Ich bin in eine Volksschule gegangen, die hatte einen Knaben- und einen Mädchentrakt. Hin und wieder durfte man, oder mußte man, in diesen Knabentrakt, ansonsten war das ja streng getrennt. Da hab' ich eben immer wieder diesen Buama-Geruch in der Nase gehabt.

Ich glaube, es war der Geruch nach Lederhosen, es war eigentlich ein Gestank und kein Geruch.

Denn diese Hernalser-Buama damals, die haben Sommer wie Winter eine Lederhose getragen. Und das drei oder vier Jahre lang, bis sie eben herausgewachsen waren, dann hat die Hose der kleinere Bruder bekommen und weitere drei oder vier Jahre getragen, und das waren immer drei, vier Geschwister.

Dann war da zu guter Letzt der Dreck von zwanzig Jahren drinnen in der Hose. Und ich denke, das hat schon gerochen.

Ein ähnlicher Geruch ist mir dann später aufgefallen, und hab' mir gedacht: „Das riecht ja nach Buama!", das waren diese ledernen Turnmatten im Turnsaal, die auch schon so einen Speck drauf hatten. Das war auch so ein Geruch wie in der Buama-Schule.

Gute Sachgerüche sind für mich meiner Großmutter Wuchteln, wenn sie noch recht frisch waren.

Die hat noch so einen alten Gasofen gehabt, mit einem extra Backrohr darunter, da bin ich immer schon neben dem Ofen gesessen und hab' gewartet, bis die Wuchteln herauskommen. Das war dann immer ein großer Kampf, weil sie mir erklärt hat „Den Germteig kann man nicht heiß essen, da muß man warten", aber ich wollt' ihn natürlich gerade heiß.

Der Germgeruch von den Wuchteln, der ist mir sehr gut in Erinnerung.

Negative Gerüche hat es in meiner Kindheit, in der Gegend in der ich gewohnt habe, zwei recht heftige gegeben.

Wenn der Wind vom Westen geweht hat, war da der abscheuliche Geruch der Ottakringer Brauerei, das war, wenn sie Hefe oder soetwas hergestellt haben, ein merkwürdiger süßlicher Geruch, der war aber noch zum Aushalten.

Wenn der Wind jedoch von Osten wehte, da hat es irgendwo eine kleine Lackfabrik gegeben, und das war ein abscheulicher Geruch, der war zum Kotzen, wenn man den richtig in die Nase bekommen hat.

Dann entsinne ich mich, weil ich mich vor dem Keller so gefürchtet hab', an den Geruch, wenn man bei uns so in das alte Zinshaus hineingekommen ist im Sommer, und es war heiß, und die Kellertür war offen. Da ist so ein kühler Modergeruch heraufgekommen, den ich ganz furchtbar empfunden habe.

Das war ein Geruch des Entsetzens, der Moder vermischt mit einem Lufthauch.

Es war also nicht nur ein Geruch, es war auch eine Luftbewegung.

Was vor mir schon immer wieder auftaucht, wenn ich nach Ottakring komme, ist die Brauerei. Die stinkt ja nicht die ganze Zeit so, das kommt vielleicht viermal in der Woche vor, ich erlebe es nicht oft. Aber wenn ich den Geruch von der Ottakringer Brauerei, so scheußlich er eigentlich ist, rieche, fühle ich mich dabei trotzdem sehr wohl, wenn ich ihn jetzt als Erwachsener, sozusagen nostalgisch, rieche, da hab' ich ein Gefühl dabei, das ist wie Heimat.

„Die Truhe des Vaters"

Doris Mühringer

Dosis Mühringer, geboren 1920 in Graz. Lebt als freie Schriftstellerin in Wien.
Einige Buchtitel: "Staub öffnet das Auge", "Vögel die ohne Schlaf sind", "Tanzen unter dem Netz", "Das hatten die Ratten vom Schatten".

Meine Mutter hat nach einem ganz bestimmten Parfum geduftet.

Typisch aber war für mich der Geruch meines Vaters.

Der hat nichts anderes geraucht als ägyptische Zigaretten, und zwar original ägyptische, er hat sich ja viel im Orient aufgehalten. Diese ägyptischen Zigaretten haben einen ganz feinen Duft gehabt, vermischt mit seinem Körpergeruch, der auch sehr angenehm war.

Und dieser Vatergeruch, wenn er ins Kinderzimmer gekommen ist und Gute Nacht gesagt hat. Das war immer etwas, das mir wohlgetan hat. Ich kann mich nicht erinnern, daß jemand anderer so gut gerochen hätte oder einen Geruch ausgeströmt hätte, der mich so eingehüllt hätte.

Mein Vater hat von seinen Reisen (er war fast überall mit Ausnahme von Australien gewesen) immer etwas mitgebracht. Die schwarze Ebenholztruhe, mit schwarzen gußeisernen Beschlägen, war das einzige, was der Meier, der Fuhrmann, dann mitheraufgebracht hat. Das andere Gepäck ist immer erst später gekommen. Diese Truhe ist immer als erstes mit ihm mitgekommen.

Er hat sie aufgemacht, und mein Bruder und ich sind mit den Köpfen da hineingefallen, es war ein ganz eigentümlicher Duft, und er war immer anders.

Manchmal hat es nach Bananen gerochen, manchmal nach Ananas, wenn er aus Südamerika gekommen ist. Ananas hat es damals ja nicht so gegeben wie heute, in jedem Geschäft, sondern das war ein besonderes Mitbringsel. Und meine Mutter hat Ananas so gern gehabt.

Und dann, wenn er aus Indien gekommen ist, war es Seide.

Es war immer ein exotischer Geruch, den ich mir zwar nicht mehr in die Nase rufen kann, aber die Erinnerung, wie der war und daß das ein Märchen aus Tausendundeiner Nacht war, das ist mir so deutlich wie heute.

Ein Kindheitsgeruch, der für mich sehr intensiv ist: Im Winter, wenn ich von Wien in die Steiermark gekommen bin, schon in Mürzzuschlag, war da der bestimmte Geruch der Luft. Das war, wie ich dann viel später erfahren habe, die Braunkohle.

Da hat es ihn noch gegeben, den Braunkohlengeruch.

Ein gewisser brauner Geruch, der über Mürzzuschlag gelegen ist, und dann natürlich über Graz, das ja im Kessel liegt. Für mich stand das irgendwie im Zusammenhang mit Schnee, den es ja damals noch häufig gegeben hat. Das gehörte zu meinen Wegen ins Kloster, von zu Hause bis zu den Schneemauern. Winter, Graz und Kindheit und dieser schwere, irgendwie auch schwermütige Geruch.

∞

„Ein Geruch kann sehr tröstlich sein"

David Steindl-Rast

David Steindl-Rast, geboren in Wien, ging 1953 in die USA, wo er dem neugegründeten Benediktinerkloster Mount Saviour beitrat.
David Steindl-Rast kommt immer wieder zu Seminaren, Vorträgen und Workshops nach Europa. Er gilt als wichtiger Erneuerer der amerikanischen Klosterbewegung.
Bücher von David Steindl-Rast: „Fülle und Nichts" sowie „Die Achtsamkeit des Herzens. Ein Leben in Kontemplation".

Gerüche der Kindheit fallen mir viele ein, ich weiß gar nicht, wo ich anfangen soll.

Da ist zum Beispiel der Lavendelgeruch in der Wäschelade meiner Mutter. Sie hat immer Lavendel zur Wäsche gelegt, und beim Öffnen der Lade hatte man sofort diesen Lavendelduft in der Nase.

Oder der Geruch von Lindenblüten. Wir hatten zwei große Linden vor dem Haus, vor unserem Fenster. Das ist ein unvergeßlicher Duft, der Duft der Lindenblüten.

Ein Geruch, der gar nicht so typisch ist, aber der mir auch sofort einfällt: Der Geruch von zertretenem Unkraut, hinter dem Haus, hinter dem Stall. Ich bin zum Teil auf dem Land aufgewachsen, unser Nachbar hatte einen Bauernhof, und wenn wir da hinter dem Haus herumgerannt sind, bei unseren Schleichwegen, da kam immer wieder der Geruch von zertretenem Unkraut. Die Brennesseln riechen ja stark, und auch alle anderen Pflanzen haben ihren eigenen Geruch.

Der Kuhmist im Stall, der Heuboden, der Geruch der frischen, warmen Milch! Und dann erst die Jahreszeiten! „Es riecht nach Schnee!" Dieser Schneegeruch. Und der frische Luft-Geruch, dieser frische kalte Luft-Geruch in den Windjacken, wenn man sie in der Stube aufhängt im Winter!

Der Geruch der Bratäpfel auf dem Herd, der Geruch der Maroni!

Ein wichtiger Geruch für mich, das ist der Geruch von Mimosen. Früher hat man zu den Rosen immer Mimosen getan.

Bei allen Tanten- und Verwandten-Besuchen haben wir Blumen mitgebracht, und da waren auch diese kleinen gelben Mimosen dabei. Das ist für mich so ein Besuchs-Geruch von Mimosen.

Zu Ostern haben wir uns aus kleinen Blechdosen so Weihrauch-Schwinger gebastelt, mit glühenden Baumschwämmen als Holzkohle, darauf kam der Weihrauch, so sind wir umhergezogen, das war unser Oster-Geruch.

Ich weiß bis heute, wie verschieden verschiedene Menschen riechen können. Ich hatte da ein interessantes Erlebnis mit so einem Geruch. Mein Beichtvater in Heiligenkreuz, Pater Walter, der hatte einen eigenen Geruch, da war Weihrauch dabei, und auch der Geruch von altem Stoff. Die Gewänder hängen ja in so einem feuchten

Raum, das riecht ein wenig stockig. Jedenfalls hatte mein Beichtvater einen eigenen, für ihn typischen Geruch, der mir sehr vertraut war.

Ich war dann schon jahrelang weg, weit weg, ich lebte schon in Amerika, da ist es mir – zwei-, dreimal – passiert, und zwar immer in Krisensituationen, daß ich ihn plötzlich gerochen habe.

Noch bevor ich überhaupt an ihn gedacht habe, war sein Geruch schon da. Dieser Pater Walter war so ein Seelenführer, ein Seelenhelfer für mich. Und komisch, immer in Krisensituationen war plötzlich sein Geruch da, als ob er gegenwärtig gewesen wäre im Zimmer.

So ein Geruch kann sehr tröstlich sein. Seine Anwesenheit zu spüren – allein über den Geruch –, das hat mir schon geholfen.

V.
„Erdäpfelsalat riecht erotisch"

„Gerüche-Küche"

Wolfgang Wagerer

Wolfgang Wagerer, geboren 1954 in Wien. Germanistik- und Theologiestudium in Wien und Innsbruck. Lebt mit seiner Familie in Wien.
Unterrichtet an einem Gymnasium. Herausgeber des Bandes „Gemeinsam sind wir unausstehlich. Geschichten rund um die Schule".

Meine frühesten Geruchserinnerungen sind, wie viele Erst-Erinnerungen, mit meiner Großmutter verbunden.

Ihre Salben, Schmieren und Tropfen erfüllten ihre Küche mit einer ununterscheidbaren Vielfalt von Gerüchen. Erst wenn sie dann ihr „Kreuz" einrieb, wurde ein Geruch deutlicher hervorgehoben, wenn's um die Schulter oder die Füße ging, ein anderer.

Als ich neulich ein natürliches Mittel – das sind die, die die Krankenkassa nicht zahlt – gegen meine Kreuzschmerzen in der Apotheke verlangte, war die Erinnerung wieder „hautnah" – genauso hat es gerochen.

Die Reste der großmütterlichen Salben und Tropfen mischte ich mit meiner Cousine immer zu „Parfums".

Wir lösten sie einfach in Wasser auf und mixten auf Teufel-komm-raus. So hatten wir mit der Zeit eine ansehnliche Fläschchen-Sammlung mit „erlesensten" Düften.

Normale Parfums mochte ich gar nicht. Wenn meine Mutter, was allerdings nur zweimal im Jahr vorkam, vor dem Theater oder dem Ball ein Parfum verwendete, machte ich einen großen Bogen um sie.

Das war nicht meine Welt, das war etwas Nobles, Hochnäsiges, das waren die „anderen", zu denen ich nicht gehören wollte. Hätte sie doch eins von meinen „Parfums" genommen!

Der Geruch von Seife nach dem Waschen auf der Haut, das genoß und genieße ich. Wobei ich meine Vorliebe für Kernseife von damals herübergerettet haben dürfte.

Ein feiner Geruch, der die ganze Wohnung dreimal im Jahr erfüllte: nach dem Weihnachts-, Oster- und Sommerputz.

Nach zwei Tagen Kehren, Wischen, Putzen und Schrubben legte sich plötzlich ein weicher, feiner Duft über die Zimmer. Ein Gemisch aus Bodenglänzer, Teppichschnee, Möbelpolitur, Schnallenputzmittel, Essig und Salmiak.

Jedes für sich ein bißchen ungeliebt, weil zu scharf, zu extrem in seinem Geruch, wurde im Zusammenspiel aufgehoben zu jener Atmosphäre, die für Sauberkeit und Bereitschaft stand: Jetzt konnte das Christkind kommen, Auferstehung gefeiert werden oder das Schuljahr endgültig zu Ende gehen.

Da ich als Kind oft unter schweren Erkältungskrankheiten litt, gehört auch das Nicht-Riechen-Können zu einer ganz unangenehmen Erinnerungen.

Nichts wahrnehmen, nur dieses verstockte Gefühl in der Nase und dann wieder das Glück, wenn es irgendwelchen Tropfen oder Salben gelungen war, sich eine Schneise durch diesen Pfropfen zu schlagen und etwas durchzulassen von den Gerüchen rundherum.

Befreiend auch diese Salben, die man auf die Brust schmiert, und dann wieder die ersten tiefen Atemzüge, die einen einschlafen lassen.

Unangenehm dagegen war mir immer schon der Geruch von Bier, vor allem von warm gewordenem, abgestandem Bier, wie es mein Vater durchaus noch trinken mochte; egal, ob zu Hause oder im Wirtshaus. Dort fand ich wenigstens Trost bei einem Soda-Himbeer. Doch war mein Soda meist schon leer, bevor er noch den ersten Schluck gemacht hatte – was blieb, war wieder der Biergeruch. Hin und wieder aufgehellt von einem Paar Würstel, das wir miteinander verzehrten, immer mit einer Extraportion Kren.

Dieser, nur anfangs beißende, spätestens nach den ersten Tränen aber so befreiende und lösende, die Atemwege reinigende Geruch hat mich dann wieder versöhnt mit Gott und der Welt, und auch mit meinem Vater. Doch meistens brauchte er nach solchem Krengenuß noch ein Extrabier.

In der Volksschule ging ich ins Halbinternat.

Mittagessen gab es im Gasthaus vis-à-vis. Wenn wir nach dem Unterricht das Schulhaus verließen, war der ganze Platz von dem Geruch der Suppe erfüllt – jener typischen Wirtshaussuppe, wie sie in den späten fünfziger Jahren gang und gäbe war: Sie roch nach diesen riesigen Fettaugen, die meinen Magen schon beim Anblick rebellieren ließen. Als Einlage Nudeln oder was auch immer, meist bis zur Unkenntlichkeit verkocht – jedenfalls geschmacklos und aufgequollen.

Seither esse ich nur mehr Packerlsuppen.

Herrlich waren die Gerüche in den Kirchen.

Schon beim Hineinkommen der Geruch des Weihwassers. Ich weiß schon, Wasser riecht nicht, bloß unser Trinkwasser nach Chlor.

Aber Weihwasser riecht – nach ein bißchen Erde, nach Keller, ein bißchen muffig und abgestanden. Trotzdem spürte ich seine Kraft und Lebendigkeit, weil es ja etwas Heiliges war. Ich habe mich oft und immer wieder bekreuzigt, aus Lust an diesem Geruch.

Während meine Großmutter ihre Gebete verrichtete, streifte ich zwischen den Seitenaltären herum. Da waren die Kerzen. Die dicken rochen anders als die dünnen. Die dicken rochen traniger, schwerer. Die dünnen, als ob sie geradeaus himmelwärts fahren wollten, mit ihren leichten, betörenden Düften.

Mit gemischten Gefühlen schlich ich um die Beichtstühle. Gerade im Sommer verstärkten sie noch den Eindruck kühler Geborgenheit, das zog mich an. Zugleich hatte ich aber immer den Eindruck, daß es nach Schweiß roch. Kein Wunder, eigentlich.

Aber ich mochte Kirchen nur leer. Ihren wahren, unverfälschten Geruch. Das ganze Tam-Tam mit Weihrauch und Menschenmassen verursachte mir damals schon Übelkeit und Fluchtreaktionen (Klogehenmüssen zum Beispiel).

Apropos Klo. Das gehört natürlich auch dazu. Diese Klohäuschen in den Beserlparks, damals noch sechseckig, die auf zig Meter Entfernung schon so impertinent stanken, zugleich aber wie ein Reflex das unwiderstehliche Gefühl auslösten, jetzt zu „müssen".

Also, nur durch den Mund atmen und rein in die Hütte.

Unvergeßlich der Hinweis über der öligen, schwarzgestrichenen Wand, die Kleider noch in der Anstalt zu ordnen.

Dann war da noch der Geruch gewisser Menschen. Viele konnte ich nicht riechen. Aber das durfte man ja nicht sagen oder sich anmerken lassen. Daran hat sich auch nichts geändert, bis heute.

„Der Duft von Rosen"

Salcia Landmann

*Salcia Landmann, geboren 1911 in Zolkiew, Ostgalizien.
Lebt in St. Gallen, Schweiz.
Zahlreiche Veröffentlichungen über Sitten, Bräuche und
Sprache der Juden, wie z.B. „Jiddisch. Das Abenteuer einer
Sprache" oder „Der jüdische Witz".*

Man kann aus Rosen eine ganz wunderbare Konfitüre machen. In Rumänien, Bulgarien, im Nahen Osten ist das üblich. Man kann annehmen, daß die Haremsdamen im Iran davon sehr gern gegessen haben. Sie schmeckt ja auch herrlich, diese Konfitüre aus Rosen.

Man darf aber nur eine ganz bestimmte Rosenart dafür verwenden, und zwar die „Rosa Centifolia", die Zentifolie, die Hundertblättrige, mit ihrem intensiven süßen Duft und den rosaroten, sehr zarten Blüten, die so leicht zerfallen. Das ist ja der Grund, weshalb man sie bei uns kaum mehr anpflanzt. Diese Rose ist übrigens identisch mit unserer altmodischen Bauernrose oder Kohlrose, sie hat kugelrunde, dicke Köpfe mit eben hundert zarten Blütenblättern.

Die Blütenblätter von anderen Rosen sind viel zu hart. In Bulgarien gab es lange – oder gibt es noch – riesige Felder mit Zentifolien zur Herstellung von Parfum und verschiedenen Süßigkeiten. Man muß die Blütenblätter in Zucker einkochen, das ergibt einen betäubend süßen Duft.

Wir haben immer ganze Körbe voll Rosen eingekocht.

Diese Rosen-Konfitüre gilt seit alter Zeit als gutes Mittel gegen Schwindsucht. Es sind sogar Briefe von Spinoza erhältlich, in denen er einen Freund um eingemachte Rosen bittet. Es handelt sich da wohl um ein altes arabisches Rezept.

Wenn wir diese Rosen einkochten, um die Rosen-Konfitüre zu machen, dann kamen immer Prozessionen von Frauen zu uns ins Haus. Das konnte man ja bis auf die Straße hinaus riechen, das ganze Viertel war voll von diesem Rosenduft.

Ich sehe all die armen Judenfrauen mit ihren Töpfen und Gefäßen vor mir, wie sie Schlange standen vor unserem Haus, um ein wenig von dieser Rosen-Konfitüre zu bekommen, für den schwindsüchtigen Ehemann. Die Schwindsucht war damals ja eine Volksepidemie, viele junge Männer starben daran.

Wir hatten auch immer schon damit gerechnet, daß diese Frauen kommen würden, und so haben wir immer viel mehr Rosen eingekocht, mehr als wir selbst brauchen konnten.

Dieser süße, intensive Duft der Rosen. Den hab' ich gut in Erinnerung.

„Erdäpfelsalat riecht erotisch"

Peter Henisch

Peter Henisch, geboren 1943 in Wien. Lebt in Wien und Niederösterreich. Schriftsteller.
Einige Buch-Titel: „Die kleine Figur meines Vaters" (1987), „Steins Paranoia" (1988), „Hamlet, Hiob, Heine" (1989), „Morrisons Versteck" (1991) u.a.

Aus meiner frühen Kindheit fallen mir die Gerüche von Keller und Dachboden ein.

Unser Keller war modrig und feucht, es war der Keller eines von einem Bombentreffer zerschlagenen Hauses, in dem wir damals gewohnt haben, im dritten Bezirk in Wien. Ein Keller auch, in dem man sich verstecken konnte als Kind.

Die Waschküche war übrigens auch unten, da hat die Hausmeisterin meistens gewerkt, da waren Ratten, die haben natürlich einen ganz spezifischen Geruch, da war das Hausmeistermädchen, mit der ich meine ersten „Vater und Mutter"-Spiele gespielt habe.

Der Dachboden, das war das andere Ende dieses Hauses, dieser häuslichen Welt, beides war schon der Anfang des

Unbehausten. Da oben hat es staubig gerochen, nach Luft, die überall hereingekommen ist.

Alte Koffer sind da herumgestanden, alte Schachteln, viele Ziegeln. Ziegeln haben einen eigenen Geruch, die riechen und schmecken, die schaun nicht nur ziegelrot aus, die riechen und schmecken auch so.

Wenn man dann ums Eck' zur Mizzi gegangen ist, da hat's Zuckerln gegeben, Zuckerstangerln, Brause und den Zuckerkaugummi, das war schon in der frühen Volksschulzeit, daß mich der interessiert hat, mit den Karl May-Bildern.

Diese Kaugummistücke waren ziemlich groß und rosa, viereckig, die hatten auch ein bißchen was von viereckigen Hostien, sie waren wohl auch parfümiert, so eine Art von Himbeerkracherl-Geschmack war das, aber mit einer Note von Eibisch. Und so haben auch die Karl-May-Bildchen gerochen, und wenn man die in ein Album eingepickt hat, dann hat sich dieser Geruch mit dem Geruch von Uhu, oder war es damals noch Synthetikon, gemischt. Auch etwas, das mich recht fasziniert hat.

Gerüche sind ja auch erinnerungsträchtig, Uhu und Synthetikon, – da fallen mir der Nagellack und der Nagellackentferner dazu ein.

Ich war ja ein rechter Schnüffler als Bub, das heißt diese Essenzen, die die Mama verwendet hat im Bad, die haben mich als Bub in gewisser Hinsicht erotisiert. Später dann habe ich die Ilse kennengelernt, meine erste Verführerin, die hat ununterbrochen Nagellack aufgetragen und wieder entfernt, das war ihre Hauptbeschäftigung.

Es gibt ja Leute, die schrecken sich vor gewissen Eindrücken, in dem Fall multipliziert sich da die Erinnerung an die schöne Mama im Badezimmer mit der an die schöne Ilse.

Dann bin ich in den 10. Bezirk gekommen, und dort habe ich den größeren Teil meiner Mittelschulzeit und meine sogenannte Jugend verbracht.

Das heißt, ich bin in die Schule gegangen, ich habe Fußball gespielt, ich habe dort Freunde und Feinde gefunden, und ich habe geheiratet.

Aus dieser Zeit, und das rechne ich eigentlich alles noch zu meiner Kindheit, sind mir die Gerüche dieses Bezirks in Erinnerung, auch schon vorher übrigens, weil meine Großmutter mütterlicherseits dort gewohnt hat, in der Hasengasse.

Die Hasengasse, gleich hinter dem Waldmüllerpark, war so die Grenze zwischen fünftem und zehntem Bezirk, also auf der einen Seite war der fünfte, dann ist man über den Gürtel gegangen, da konnte man noch oben drüber gehen und mußte nicht unten drunter und in die Unterführung tauchen. Dann kommt man unter einem Bahnübergang durch, und da riecht es schon sehr intensiv nach Eisenbahn.

Damals sind ja die Eisenbahnen noch dampfbetrieben gefahren, die Loks, und das war sehr vertraut für mich durch meinen Großvater, den Mann meiner Großmutter, der war Lokführer.

Wenn man dann in dieses Haus hinaufgegangen ist, Hasengasse Nummer 53, hat es natürlich nach allem Möglichen gerochen, weil die Leute alle ihre Küchenfenster offen hatten. Das waren so vergitterte Küchenfenster mit Glas, manchmal sogar ein bißchen bunte Scheiben, die hat man zum Gang hinaus aufmachen können, und da vermischten sich dann die Gerüche.

Es waren zum Großteil auch so die böhmische und die slowakische Küche, die dort gepflogen wurde, aber eben „Arme-Leute-Küche", also Kohl und Sauerkraut, Erdäpfeln.

Oben, im dritten Stock, in der Wohnung meiner Großeltern, die sehr klein war, Zimmer, Küche, Kabinett, da hat es irgendwie nach Hasen gerochen.

In der Hasengasse riecht's nach Hasen, für mich war das ganz selbstverständlich. Die haben dort unter der Abwasch Hasen gezüchtet, die sie dann ab und zu, wenn der Mensch sich ein Stückl Fleisch leisten darf, also zu Ostern oder zu Weihnachten, geschlachtet haben.

Mir war der Gedanke weniger sympathisch, weil ich mit den Hasen gern gespielt habe, aber was sein muß, muß sein. Die Hasenbemmerln, diesen Geruch, kennt man ja auch kaum mehr, in einer Wohnung noch dazu.

Auch eine starke Assoziation aus dieser Wohnung war der Geruch von Feigenkaffee, so hat die Oma gerochen. Die Oma war relativ klein, sie hatte zwölf Geburten hinter sich, neun davon erfolgreich. Sie war körperlich ziemlich ruiniert, die Frau hat kaum noch gehen können, obwohl sie noch nicht so alt war. Sie hat einen recht schweren, kräftigen Busen gehabt, an den ich mich manchmal gekuschelt habe, im Bett am Abend. Und die Oma hat ganz intensiv nach Feigenkaffee gerochen.

Dieser Feigenkaffeegeruch hat mich dann später noch „abgetörnt", wenn eine Frau auch nur eine Spur danach gerochen hat, dann war da sofort diese Oma-Assoziation, da war nichts mehr zu machen.

Wenn wir schon bei erotischen Gerüchen sind – Erdäpfelsalat. Erdäpfelsalat ist bei mir aus irgendeinem Grund eine

Vorstellung, die mit Sexualität zusammenhängt. Meine Mutter hat einen sehr guten Erdäpfelsalat gemacht, sie war keine große Köchin, aber zwei, drei Sachen hat sie ganz gut gemacht, und die sind mir in Erinnerung geblieben. Eines davon war der Erdäpfelsalat. Das ist so eine Art Orgasmusvorstellung, sicherlich eine höchst ödipale, aber wahrscheinlich eine, die in dieser Form nicht allzuhäufig vorkommt. Erdäpfelsalat ist toll, der törnt mich an, da krieg' ich Appetit.

„Der Geruch von Eichelkaffee"

Anton Staudinger

Anton Staudinger, geboren 1940 in Bad Hall in Oberösterreich. Professor am Institut für Zeitgeschichte an der Universität Wien.
Läßt sich – nach eigener Aussage – für alle Dinge begeistern, die gut schmecken. Bekannt als exzellenter Koch und Kenner vieler historischer Rezepte, die er – zur Freude seiner Freunde – auch zuzubereiten weiß.

Meine Mutter und ich haben lange allein gewohnt, weil mein Vater erst sehr spät aus dem Krieg zurückgekommen ist. Wir wohnten im Oberstock eines kleinen Bauernhauses in Oberösterreich, und da kann man sich vorstellen, daß das eine unendliche Vielfalt von Gerüchen bedeutet.

Gerüche der Kindheit sind für mich ganz wesentlich bestimmt vom Wohnen und von meinem Lebenskreis, das war für mich sehr wichtig.

Gerüche der Kindheit sind für mich auch wesentlich bestimmt von den Haushaltsaktivitäten meiner Mutter. Sie hat sich selbst so als „Kräuterweiberl" verstanden und hat sehr viel Tee gesammelt.

Mit größtem Vergnügen erinnere ich mich an die Gerüche der zum Trocknen aufgelegten Teesorten, nicht jedoch an das Sammeln, denn da habe ich mitgehen müssen, und das hat mir nicht geschmeckt.

Himmelschlüsseltee pflücken. Den ganz feinen, entfernt an süßen Honig erinnernden Duft der trocknenden Himmelschlüsselblüten habe ich noch ganz unauslöschlich in meinem Gedächtnis. Da sehe ich dann gleichzeitig immer das große braune Packpapier, das da auf meinem Bett zum Blütentrocknen aufgebreitet war, und am Abend habe ich es dann immer wieder wegtragen müssen. Das war auch eher etwas, das ich nicht geschätzt habe.

Bei Gewürzen erinnere ich mich mit ebenso großem Vergnügen an das Kuttelkraut, das ist der Wiesenthymian, der wächst an trockenen Abhängen und Straßenböschungen. Den hat meine Mutter nicht nur als Tee verwendet, sondern auch in kleine Polsterln gestopft und auf die Kopfpölster gelegt, weil das angeblich beruhigt. Wenn ich einmal nicht schlafen gehen wollte und sie mich mit Gewalt dann doch irgendwie ins Bett gebracht hat, dann hat sie gemeint, dieses Thymian-, also Kuttelkrautpolsterl würde mir ein schnelleres Einschlafen bringen.

Ich könnte die Gerüche der Kindheit natürlich auch nach den Jahreszeiten ordnen, vor allem, weil ich die Möglichkeit hatte, auf dem Land aufzuwachsen.

Zum Beispiel die Schneeschmelze. Wenn der Schnee schmilzt und die ersten Keime herauskommen. Wenngleich man das vielleicht nicht wirklich riechen kann, aber in der Erinnerung ist da eine angenehme Kühle. Nicht so, wie man die Kühle im Sommer empfindet, sondern so eine feuchte Kühle, wo man die ersten Regungen von Leben aus der Erde kommen spürt, Schneeglöckerln.

Das Frühjahr war für mich immer verbunden mit den Bräuchen, die meine Mutter gepflegt hat, nämlich dem Ostermontag als Tag, wo es etwas Gutes zu essen gegeben hat. Meistens war das Schnitzel, was damals etwas Besonderes war, in den vierziger Jahren. Mit Schnitzel ist für mich unabwendbar der Geruch von Apfelkompott verbunden.

Salat hat es damals im Frühjahr keinen zu kaufen gegeben, da war die Zuspeise eben Apfelkompott.

Und der Zimtgeschmack. Immer wenn ich jetzt ein Schnitzel esse, habe ich diese Erinnerung an einen leichten Zimtgeruch.

Sommer ist wieder sehr vielfältig, er ist verbunden mit Ferien und all den Tätigkeiten.

Da ist so eine eigentümliche kühlende Dimension von Gurken, frisch gehachelten Gurken. Die sind bei uns Anfang August erntereif gewesen. Sie entwickeln keinen sehr starken Eigengeruch, aber sie haben trotzdem so einen unverwechselbaren Geruch, zart kühl, schwer zu beschreiben.

Herbst: Als Kind erinnere ich mich da an Erntegerüche, die Erdäpfelernte zum Beispiel.

Wo ich zu Hause war, sind die Erdäpfel fast ausschließlich relativ spät geerntet worden, also im Herbst.

Der Herbst ist auch untrennbar verbunden mit Brandgeruch. Da hat man viel verbrannt, und wir haben eben als Kinder in diesen übriggebliebenen Glutnestern die Erdäpfel gebraten. Ein fulminant guter Geruch in meiner Erinnerung.

Oder der Geruch in der Wohnung, wenn es kühl geworden ist und das erste Mal leicht eingeheizt wurde und

Dörrobst gemacht worden ist, Kletzen vor allem, die haben einen ganz herrlichen Geruch. Das geht nur mit ganz bestimmten Mostbirnsorten, die zusätzlich dann auch noch eine beginnende Edelfäule aufweisen. Die weichen Birnen haben im Geruch eher so dieses Süßliche, das habe ich nicht so sehr gemocht. Sie sind durch und durch braun und verbreiten einen süßlichen Geruch. Aber gegessen habe ich sie lieber, weil da hat man die Säure noch etwas geschmeckt.

Ein Geruch, den ich in meinem Leben wohl kaum noch einmal riechen werde können: geröstete Eicheln, weil das war der Kaffee-Ersatz. Meine Mutter hat einen „Oachlkaffee" gemacht, und das hat so einen trocken-nussigen Geruch, der ist mir ganz angenehm in Erinnerung.

Mir hat auch dieser „Oachlkaffee" viel besser geschmeckt als der Malzkaffee, den meine Mutter mehr geschätzt hat. Also, die gerösteten Eicheln haben viel besser gerochen und waren trocken, schlanker im Geschmack.

Ich kann einfach nicht trennen zwischen Geruch und Geschmack.

Der Winter hat eher mit geschlossenen Räumen zu tun. Ein wirklich abstoßender Geruch, das ist so ein stickig, muffiger Geruch in geschlossenen Räumen. In der Erinnerung ist das für mich ein „Alter-Menschen-Geruch", ein Geruch nach alten Menschen.

Die vielen Besuche, die meine Mutter aus Höflichkeit bei vielen Verwandten und andere alten Leuten gemacht hat, die waren unweigerlich für mich mit einem anderen Geruch verbunden, nämlich dem nach Inländerrum. Das waren die einzigen Möglichkeiten, wo ich einen Tee mit

Rum gekriegt habe als Kind. Das hat meine Mutter überhaupt nicht geschätzt, wenn ich dort wie die Erwachsenen Tee mit Rum bekommen habe.

Das habe ich dann natürlich wieder geschätzt, sodaß dieser „Alte-Menschen-Geruch" mit dem Geruch nach Rum zusammengeht.

In den Rauhnachttagen: Weihrauch hat für mich eine feierliche Bedeutung, weil ich sehr fromm aufgewachsen bin. Denn nicht jede Sonntagsmesse wird mit Weihrauch verhübscht, sondern eben nur ein Hochamt.

Auf den Ofen legten wir dann nur zu Weihnachten ein, zwei Tannen- oder Fichtenzweigerln, damit es gut duftet. Im Winter, und auch schon im späten Herbst, haben wir im Rohr Äpfel gebraten.

Ein Geruch, der auch zur Heimeligkeit im Winter gehört, ist der von brennendem Holz. Das Kohlenmonoxyd riecht man ja nicht, aber das Kohlendioxyd riecht einfach vom Holz besser als von der Kohle. Ein bißchen Harz ist dabei, wenn es so ein Fichtenholz ist. Holzgeruch, so ein Wintergeruch aus meiner Kindheit.

VI.
„Der Geruch der Sommerwiese"

„Der Geruch der Sommerwiese"

Ernst Nöstlinger

Ernst Nöstlinger, Journalist und Autor. Mit der Schriftstellerin Christine Nöstlinger verheiratet. Lebt in Wien und im Waldviertel.
Bücher: „Martin Wimmer und der totale Krieg"; „Den Osten im Westen suchen. Die Lebensgeschichte des Christoph Kolumbus".

Ich bin als vierjähriger Bub aus der Stadt aufs Land gekommen, da haben meine Eltern eine Greißlerei übernommen.

Gleich neben dem Geschäft war ein Raum, da wurde das Petroleum abgezapft, damals verwendete man zum Lichtmachen noch Petroleumlampen.

Für mich war das einfach eine Welt – nach der doch relativ sterilen Stadtatmosphäre, mit einer kleinen Wohnung, von wo mir an Gerüchen eigentlich nichts in Erinnerung geblieben ist, wo es plötzlich so viele Gerüche gab, die für mich mit Geheimnissen besetzt waren. Die Mischungen, die sich aus den verschiedenen Gerüchen ergeben haben, wenn zufällig irgendwo eine Lade offen war.

Das ist etwas, was mich eigentlich immer verfolgt, nur diese Gerüche sind eben heute nicht mehr so zu schnuppern und schon gar nicht im Supermarkt, mit den sterilen Verpackungen. Früher wurde ja alles offen verkauft und in Stanitzeln abgefüllt. Da hat die Ware noch ihre Duftkomponente gehabt.

Gegen meine Oma habe ich immer eine leichte Abneigung gehabt, denn die hatte so eine Ausdünstung, die ich eigentlich nicht mochte, und ich konnte mich auch nicht damit identifizieren.

Was mir aus dem Mühlviertel noch einfällt:
Am Freitag, wenn die Leute ihr Brot zum Bäcker gebracht haben, sind sie danach mit den fertig gebackenen Laiben durch den Ort zogen, das hat natürlich auch ganz gewaltig geduftet.

Das waren so richtige Orgien, da hat man die Brotlaibe auf die Schubkarren geladen, und die Frauen sind dann mit dem frischen Brot wieder in ihren Häusern verschwunden und hinterließen diese Duftwolke über dem Marktplatz.

Ich habe noch Schi gewaxelt, das waren damals gewöhnliche Holzschi. Da habe ich das Wachs erwärmt, dann mit einem Korken aufgetragen, und das war dann auch so ein unverwechselbarer Geruch. Das hat einfach zur Schifahrerei dazu gehört.

Dann natürlich Holz: In dieser Zeit, in der ich aufs Land gekommen bin, da hat mich einfach alles interessiert, denn das war eine Welt, wie ich sie von der Stadt her nicht gekannt hatte.

Man konnte dort als kleines Kind überall hingehen, man konnte beim Tischler dabei sein, man konnte dem Schmied bei der Arbeit zusehen und konnte einfach beobachten, wie die Dinge des täglichen Lebens, die die Leute verwendeten, zustande kamen. Man war vom Anfang an dabei, wenn der Tischler ein Brett aus dem Regal genommen hat und es zurechtschnitt, dort war dann natürlich auch dieser Geruch von Leim, der dort auf einem kleinen Öferl gestanden ist und vor sich hin gebrodelt hat, das ist auch so eine Dufterinnerung aus meiner Kindheit.

Eine andere Erinnerung, die noch stark in mir präsent ist, ist die Sommerwiese.
All die Kräuter, da riecht es eben nach Arnika, Heu und den verschiedenen Sträuchern. Das ist so ein scharfer intensiver Geruch, der einfach nicht mehr aus dem Gedächtnis verschwindet.
Damit verbinde ich sehr glückliche Gefühle, wenn so ein heißer Tag ist und alles so richtig brodelt in der Luft. Wenn jedes Gras in der Hitze seinen Duft ausströmt, das ist schon etwas Befreiendes.

Wir haben so wenig Möglichkeiten, Gerüche zu benennen.
Wir können uns bestenfalls mit Metaphern und Vergleichen ein bißchen in die Gegend hinbewegen, aber sehr viele zutreffende Worte für Gerüche haben wir nicht.
Der Apotheker hat vielleicht noch Fachbezeichnungen wie beißend, ätzend, aber positive Bezeichnungen kenne ich eigentlich sehr wenig. Die Sprache hat eher immer einen Umweg gemacht, was Gerüche und Düfte anbelangt. Das mag daher kommen, daß man von Gerüchen nicht nur euphorisiert, sondern eigentlich stark belästigt

worden ist. Da es bis 1800 und teilweise auch noch später keine Kanalisation oder Abwasserentsorgung gab, haben die Leute unter Geruchsbelästigung sicher stark gelitten. Insofern ist ja unsere Welt dabei, eine saubere zu werden, eine Art aseptische Welt.

∞

„Ich bin in diesen Geruch hineingesprungen"

Erwin Moser

Erwin Moser, geboren 1954 in Wien, aufgewachsen im Burgenland.
Erwin Moser zählt zu den bekanntesten Kinderbuch-Autoren. In vielen Büchern erzählt er von seiner Kindheit im Burgenland.

Gerüche aus meiner Kindheit fallen mir viele ein. Da sind ein paar darunter, die sind etwas Besonderes. Da gibt es Gerüche, die wecken Erinnerungen in einer Schärfe, das ist erstaunlich.

Ich habe gefunden, daß nichts anderes Erinnerungen so deutlich wecken kann wie Gerüche. Pflanzen, Jahreszeiten, das Stroh, das Getreide, wenn es gedroschen wird und wenn es der Mähdrescher in den Wagen füllt und so ein feiner Staub aufsteigt, der sehr fein ist und auf der Haut juckt. Das Getreide, das duftet noch so stark, da sind noch Samen drin von Unkrautpflanzen. Das gibt dann so einen starken und intensiven grünen Geruch.

Da war ich mit meinem Vater immer mit beim Dreschen, da bin ich immer hineingesprungen ins Getreide am Wagen und habe mir den Geruch gegeben. Ich bin in diesen Geruch hineingesprungen.

Wir haben immer, wenn wir hinausgefahren sind mit Traktor und Wagen, manchmal mit dem Pferdewagen, Mäntel mitgenommen, für den Fall, daß es regnet. Die Mäntel, das waren alte Fetzen, die schon lange abgetragen waren. Sie sind immer am Wagen gelegen, am Sitz, damit man weicher sitzt.

Wenn wir gegessen haben, wenn es heiß war, unterm Wagen im Schatten, haben wir einen Mantel im Gras aufgebreitet, wo es schattig ist. Der Mantel war immer der Witterung ausgesetzt, und der hatte natürlich einen eigenen Geruch. Wie ein alter Lumpen, wenn er naß wird. Aber für mich ist das nicht unangenehm, sondern etwas sehr Schönes, wenn ich den Geruch von dem alten Mantel rieche, weil er so viele Erinnerungen weckt.

Ich glaube, das ist auch der Schlüssel dazu, was das Besondere an Gerüchen der Kindheit ist: daß es weniger die Gerüche selbst sind, die so etwas Besonderes sind, sondern die schönen Ereignisse, die damit verbunden sind. Die machen den Geruch zu etwas Besonderem.

„Und innen riecht die Geige nach Myrrhe"

Bernhard Costa

Bernhard Costa, geboren 1957 in Hall, Tirol. Geigenbauer. Lebt in Innsbruck.

Das erste, was mir einfällt, ist Weihnachten.

Weihnachten, das hört man ja oft, riecht nach Keks und nach Kerzen. Aber bei uns, da hat es in der ganzen Wohnung immer nach Selleriesalat gerochen, und uns Kindern war der Geruch ausgesprochen unangenehm. Das hat eine ganz hetzige Gefühlsmischung gegeben. Die hat Mama den Salat immer erst am 24. gemacht, uns war der Geruch echt widerlich, aber andererseits war das schon das Signal, daß es jetzt endlich so weit war. Selleriesalat. Heute ess' ich den Salat ganz gern.

Und dann war da das Heuhüpfen im Defreggen, das Heu hat schon toll gerochen.

Damals war eigentlich überall Heu, und auf den Wiesen hat man nicht so einfach nur Stanker gemacht, sondern im Defreggen macht man so lange Wände aus Heu. Da werden Pfosten eingeschlagen und Drähte gespannt, und die Heuwände gehen endlos lang über die Wiesen. Da haben wir an manchen Stellen Löcher hineingemacht, und durch die Löcher sind wir dann mit Anlauf gesprungen. Das war so, als ob man von einer Welt in eine andere hüpft.

Dieses frische Heu, das ist ein Geruch, an den kann ich mich gut erinnern. Aber richtig beschreiben könnte ich ihn nicht. Ich habe den einfach in mir drin, den Heugeruch.

Etwas Optisches kann man viel besser beschreiben.

Ein Geruch fällt mir noch ein, der unangenehm war. Den roch ich an verschiedenen Stellen, auch in der Stadt. Ich habe ihn als Kind schon gehaßt und später, als ich schon fünfzehn war, auch noch, ich hab' nie gewußt, was es ist. Wenn ich den irgendwo roch, habe ich die Flucht ergriffen, weil er mir so unangenehm war.

Draufgekommen, was das ist, bin ich erst viel später, da war ich schon fünfundzwanzig: Es ist der Geruch, wenn man Kaffee röstet.

Ich bin zwar ein leidenschaftlicher Kaffeetrinker, aber der Geruch, der bei der Erzeugung entsteht, der vereinnahmt den Gaumen. Das ist auch so ein Geruch, den rieche ich richtig innerlich, wenn ich an ihn denke.

Ich hatte einen Großonkel in Niederösterreich, der hat fünf Kilometer vom Haus meiner Großeltern entfernt gewohnt. Da sind wir oft mit dem Radl oder zu Fuß hingewandert. Irgendwann auf dem Weg mußte man durch den Hof einer Schnurfabrik. Und da war dieser Geruch, der mir am intensivsten als Geruch aufgefallen ist.

Ich weiß nicht genau, war es Hanf oder ein ähnliches Material, das da gelagert wurde. Da hat es so stark gerochen, als wenn die Luft ganz davon angefüllt gewesen wäre.

Ich nehme an, daß die Arbeiter davon eine Staublunge bekamen, aber für mich war das so beeindruckend, daß der Platz einzig durch den Geruch definiert war und durch keinen anderen Reiz. Da trat das Optische, die großen Fabrikshallen und all das, vor dem Geruch zurück.

Die Berufswahl hat ja meistens etwas mit der Familie zu tun, ich komme aus einer Musikerfamilie, und ich wollte ins Handwerk, eigentlich war es eine Alternative zur Akademikerlaufbahn.

Ich wollte etwas Sinnliches tun, und da hat mir der Werkstoff Holz schon gut gepaßt. Ich bin froh, daß ich nicht Tischler geworden bin, wie ich es ursprünglich vorhatte.

Heute weiß ich ein bißchen besser, wie es in einer Tischlerei zugeht. Ich finde es traurig, daß es in einer Tischlerei heutzutage nicht mehr nach Holz riecht. Da riecht es eher nach Lösungsmitteln, nach Nitro und dem ganzen Zeug.

Im Geigenbau riecht das Holz gut, da fällt mir das Zirbenholz von meinem Großvater ein, der war Bildhauer. Das ist eigentlich auch ein Geruch meiner Kindheit.

Seine Werkstatt war beherrscht von diesem Geruch. Wenn ich heute ein Stückchen Zirbenholz in der Hand hab' und ein bißchen daran herumschneide, und es riecht dann danach, da steht die ganze Werkstatt aus diesem Geruch auf.

Beim Geigenbau riecht man natürlich auch jede Menge Holz, und das ist schon etwas Feines.

Ich habe festgestellt, daß die Leute, die zu mir in die Werkstatt kommen, das eigentlich gerne mögen, wie es beim Geigenbauer riecht.

Da hab' ich zum Beispiel vorgestern eine Geige innen mit Myrrhe grundiert, und die Myrrhe, das ist auch ein Geruch wie ein ganzes Land. Da kann man sich so viel vorstellen, wenn man das riecht.

Alte Geigen riechen oft ziemlich modrig, wenn sie aus irgendeinem Kasten kommen, dann kann man sie auf der Maschine putzen, aber ich glaube, bei der Geige überwiegen einfach anderer Reize, da ist das Optische und das Akustische schon sehr dominant. Aber auf dem Weg der Herstellung oder wenn man sie repariert oder poliert und wieder sauber macht, hat man immer wieder mit Düften zu tun.

Neulich habe ich Holzschnitte gemacht, und dann habe ich mit einem professionellen Drucker geredet und ihn gefragt, was man da für Farbe nehmen soll. Der meinte, man verwendet am besten professionelle Druckfarbe. Und ich habe gesagt, ich hätte aber lieber eine Farbe, die gut riecht.

Da hat er mich fast ausgelacht, denn das ist ein Anspruch, den man heutzutage nicht stellen kann.

Aber ich denke, ich bleib' dabei, daß Farbe auch gut riechen soll.

„Mein Haar bleibt geruchlos"

Viktor Matejka

Viktor Matejka, geboren 1901 in Korneuburg, Niederösterreich.
Lebt in Wien. Legendärer Kulturpolitiker der österreichischen Nachkriegszeit. Kam 1938 mit dem ersten Österreicher-Transport nach Dachau. Ab 1945 Wiener Stadtrat für Kultur und Volksbildung.
Bücher von Viktor Matejka: „Widerstand ist alles. Notizen eines Unorthodoxen", „Anregung ist alles. Das Buch N. 2".
Viktor Matejka hat eine private Sammlung von Hähnen aller Art zusammengetragen. Die Sammlung umfaßt an die 3700 Objekte.

Ich war als Kind oft bei den Bauern, und der zentrale Ort auf so einem Bauernhof war natürlich der Misthaufen. Auf diesem Misthaufen ist der Hahn gesessen. Das ist so ein Bild aus meiner Kindheit, das sicher auch mit dem Geruch zu tun hat.

Die brilliantesten Gerüche aus dieser Zeit waren der Geruch vom Misthaufen und der Geruch vom Kuhstall. Das hat nicht gestunken, es hat einfach so gerochen.

Heute haben ja alle Kunstdünger, da brauchen sie den Misthaufen nicht mehr. Aber dieser Misthaufen mit dem Hahn in der Mitte, den habe ich mir gemerkt. Wahrscheinlich hat das auch damit zu tun, daß ich dann später ein begeisterter Sammler von Hähnen geworden bin.

Im Ersten Weltkrieg hatte mein Vater eine Dienstwohnung im Bezirksgericht. Mein Vater war Gerichtsdiener. Wir haben damals beschlossen: Den Hunger praktizieren wir nicht. Wir lassen uns etwas einfallen. Und so haben wir mit einer Tierzucht begonnen.

Wir haben in unserer winzigen Zimmer-Küche-Kabinett-Wohnung alle möglichen Tiere gezüchtet: Hühner, Gänse, Hasen. Das hat natürlich gestunken, oder sagen wir: intensiv gerochen.

Bei uns gab es zum Beispiel, draußen, am Ende des Ganges, ein altes Holz-Klosett. Da war so ein Holz, da mußte man sich draufsetzen. Wenn man da hinuntergeschaut hat, als Kind, da hat man gar nicht gewußt, wo das aufhört, irgendwo tief in der Dunkelheit.

Da hat es natürlich gestunken, so ein typischer Holz-Klosett-Geruch, aber auch der hat dazugehört.

Man merkt sich ja die merkwürdigsten Dinge. An meinen allerersten Zahnarztbesuch kann ich mich erinnern.

Ich weiß heute noch, daß mein Zahnarzt Mundgeruch hatte. Er stank aus dem Mund. Er hat sich zu mir heruntergebeugt, und ich habe es gerochen. Das habe ich mir gemerkt.

Meine Professoren in der Schule haben auch immer gestunken – nach Alkohol. Die kamen direkt vom Wirtshaus in die Schule. Aber wenn ein Lehrer nach Schnaps oder Wein stinkt – wie sollte da so ein kleiner Knirps protestieren.

Ein angenehmer Geruch aus meiner Kindheit, das war der Geruch von Gersten-Kaffee. Wir hatten ja keinen richtigen Bohnenkaffee, damals. Wir haben uns von den Bauern Gersten geholt, und diese Gersten haben wir dann geröstet. Das hat ganz wunderbar geduftet.

Die niederösterreichischen Wiesen, die haben auch geduftet. Vom Wienerwald bis hinunter ins flache Land. Die Sommerwiesen. Das war ein herrlicher Geruch.

Ein Geruch fällt mir noch ein, ein Friseur-Geruch.

Ich hab' es mir immer verwehrt, daß mir der Friseur Brillantine oder Pomade in die Haare schmiert. Das wollte ich schon als Kind nicht, und heute – mit mehr als neunzig Jahren – will ich das schon gar nicht. Ich hab' immer gesagt: In mein Haar kommt kein Duftmittel, mein Haar bleibt geruchlos. Mein Haar braucht keine Duft-Anreicherung.

Das hab' ich mir immer verbeten, bis heute.

VII.
„Es gibt eine Geruchs-Heimat"

„Der Geruch der Drachenluft"

Peter Härtling

Peter Härtling, geboren 1933 in Chemnitz, Sachsen. Kindheit in Hartmannsdorf bei Chemnitz, dann in Olmütz und in Nürtingen. Schriftsteller. Romane, Erzählungen, Lyrik, Biographien. Zahlreiche Kinder- und Jugendbücher.

Die frühesten Kinderjahre, die ich in Chemnitz in Sachsen verbrachte, haben alle damit zu tun – und ich roch diese Luft förmlich in der Erinnerung – daß ich Drachen steigen ließ.

Es war immer ein Kinderherbst, merkwürdigerweise, und dieses Drachensteigen war verbunden mit dem Geruch von Stoppelfeldern und frisch geernteten Feldern. Getreide-, Roggenfelder und dieser strenge, herbe Erd- und Strohgeruch, das ist einer meiner Kindheitsgerüche.

Dazu vielleicht auch der Geruch der Luft, der Drachenluft, der bewegten Luft, einer Luft, die auch Ferne versprach.

Ich bin in dem Alter (so sechs oder sieben, vielleicht auch fünf) einmal ausgerissen, über Nacht, mit älteren Buben.

Das hat mich sehr fasziniert, in eine Gegend zu kommen, die ich noch nicht kannte.

Und da kommt der zweite Geruch, ein ähnlich intensiver Geruch, von Brackwasser, von stehendem Wasser. Wir übernachteten da in Zelten, und dieses Neuland, das ich entdeckte, war im Grunde eng und klein.

Es war eine Insel, mitten im Teich, zu der wir auf einem provisorischen Floß hinüberfuhren. Dieser Wassergeruch ist einer von den Gerüchen, die ich mitgeschleppt habe.

Noch zwei weitere Gerüche, die für mich wichtig geworden sind: Der eine ist ein Kanzleigeruch, das ist – Staub wäre zuviel gesagt – ein Geruch von altem, gelagertem Papier, von Akten, Folianten.

Es ist der Geruch der Kanzlei meines Vaters, der Anwalt gewesen ist, der mich außerordentlich anzog, aber auch das Fürchten lehrte.

Der andere Geruch, das ist ein sehr warmer Schwall – gar kein Geruch mehr – von Duft, der aus der großen Küche meiner angeheirateten tschechischen Großmutter, der Babitschka, kommt, in Brünn. Ein Geruch, der Beeren, der Teig, der Hefe, alles beinhaltet, ein warmer Nudelküchengeruch, etwas Wunderbares.

Vielleicht eine der wenigen Formen von Geruchs-Zuhause, von Zuhause-Sein in einem Schwall von Geruch, von Düften.

Als ich mehr als 40 Jahre später nach Chemnitz kam, mußte ich feststellen: Dieser Geruch ist weg. Es gibt keine Stoppelfelder mehr, auf denen ich Drachen steigen lassen kann.

Es ist ein einmaliger Geruch gewesen, es ist wirklich ein verlorener.

Der Geruch aus der Küche der Babitschka ist ebenso verloren und unwiederbringlich. Die Kinderdüfte – Marcel Proust hat das schon mehr oder weniger festgestellt – sind zwar artifiziell rekonstruierbar, aber sie sind einmalig, sie sind Anfänge und zugleich Endstation, zum ersten Mal erfahren und zugleich vollkommen.

„Weihrauch und Lilien"

Hanne Lenz

Hanne Lenz, geborene Trautwein, ist seit 1946 mit dem Schriftsteller Hermann Lenz verheiratet. Kunsthistorikerin. Hermann und Hanne Lenz leben in München.

Ich habe immer gesagt, ich könnte mich als Hund verkaufen. Ich kenne zum Beispiel immer den speziellen Geruch von einem Haus oder von einem Menschen. Wenn ich später, oft erst nach zehn, zwanzig Jahren einen ähnlichen Geruch wahrgenommen habe, dann ist das alles, woran ich vielleicht jahrzehntelang nicht gedacht habe, plötzlich durch den Geruch wieder ganz nahe gekommen.

Ich bin in Freising, einer kleinen Stadt in der Nähe von München, aufgewachsen. Freising hat eine sehr alte Tradition als religiöses Zentrum in Bayern.

Es gibt einen alten Dom in dieser Stadt, der auf einem Berg liegt. Als Kind war es für mich am schönsten, wenn keine Schule war, in den alten Gassen herumzulaufen und dann in eine Kirche – es gibt mehrere Kirchen in der Stadt

– zu gehen, in den Dom zu gehen und diese Mischung von Weihrauch und Liliengeruch zu riechen, der in der Kirche war, ohne daß ein Gottesdienst stattfand. Dieser Geruch hat sich noch den ganzen Nachmittag in der Kirche gehalten.

Wenn ich an meine Eltern denke, verbindet sich mit meiner Mutter der Geruch von Farbe, denn sie war Malerin. In dem Zimmer, in dem sie gearbeitet hat, hat es so wunderbar gerochen. Und wenn ich heute Farbe rieche, fällt mir das alles wieder ein.

Mein Vater hatte ein Laboratorium, er war an einer Hochschule als Chemiker oder Mikrobiologe beschäftigt, und wenn ich zu ihm gegangen bin, hat es nach dem Laboratorium gerochen. Auch das war für mich ein sehr angenehmer Geruch.

In einem alten Gewölbe war dieses Laboratorium, und die Mischung von dem Geruch des alten Gewölbes mit den Ingredienzien des Laboratoriums, das verbindet sich mit meinem Vater.

„Der Schwefelgeruch der Fässer"

Hermann Lenz

Hermann Lenz, geboren 1913 in Stuttgart. Er wuchs in der Kleinstadt Künzelsau auf, Mitte der zwanziger Jahre Rückkehr nach Stuttgart. Zahlreiche biographische Bücher. Einige Titel: „Verlassene Zimmer", „Andere Tage", „Neue Zeit", „Der Wanderer", „Seltsamer Abschied", „Schwarze Kutschen" u.a.

Ich bin aufgewachsen in einem alten Haus, das 1711 erbaut worden war. Neben uns war ein Küfermeister. Ich erinnere mich an den Geruch der Fässer und an die rauchenden Feuer, die manchmal in einem Faß angezündet wurden, um es auszuschwefeln und die Dolen, aus denen das Faß zusammengesetzt wurde, auszutrocknen. Währenddessen sind die Gesellen um das Faß herumgegangen und haben die Reifen eingeschlagen.

In dem 1711 erbauten Haus war ein Keller, der sich immer, wenn es viel geregnet hatte, mit Wasser füllte. Dann schwammen die Fässer. Dieser Geruch des Kellers, die Fässer, die nach Most gerochen haben oder nach Wein. Das ist mir auch noch gegenwärtig, genauso wie der

Dachboden, der stark nach Holz gerochen hat, wenn im Sommer die Sonne darauf stand.

Dann, abends, der Spaziergang am Fluß entlang, wenn die Aale ins Wasser gerutscht sind. Der Sommerabendwind, wenn das Heu geschnitten war. Da hat sich sich der Geruch von Heu mit dem des Wassers vermischt.

~

„Dieser Linz-Geruch ist für mich Heimat"

Gerhard Haderer

Gerhard Haderer, geboren 1951 in Linz. Lebt in Linz. Karikaturist.

Gerüche der Kindheit bringe ich mit dem Ort in Zusammenhang, in dem ich groß geworden bin, das ist in meinem Fall Linz. Ich habe die allerangenehmsten Erinnerungen daran.

Für mich ist Heimatgefühl ein bestimmter Geruch. Ich habe diesen Geruch immer sehr positiv, sehr angenehm, sehr freudig in Erinnerung. Wir haben in einer Gegend von Linz gelebt, die sehr grün war, direkt am Stadtrand von Linz, und daneben die Bauernhöfe. Diese Mischung von Landluft und dem typischen Linzgeruch, der so schwer zu definieren ist, das hat für mich dieses urtypische Heimatgefühl ausgemacht.

Bei einer bestimmten Wetterlage, wenn also der Wind aus Osten kam, aus der Richtung der Industrieanlagen, da sind die Menschen nicht mehr aus dem Haus gegangen. Da wurden die Fenster zugemacht, abgedichtet richtiggehend, und man hat gewartet, bis sich die Wetterlage wieder verändert, dann erst ist man wieder ins Freie gegangen.

Dieser urtypische Linzgeruch hat mich Zeit meines Lebens verfolgt. Ich kann, wenn ich auf Reisen bin – denn ich reise sehr viel –, im Zug eigentlich kaum verschlafen. Ich brauche nicht unbedingt zu warten, bis mich der Schaffner weckt, ich stelle allein am Geruch schon fest: Jetzt muß ich wieder in Linz sein.

Dieser Linzgeruch, den ich „so sehr liebe", hat meine Eltern auf alle Fälle veranlaßt, nach Salzburg zu übersiedeln.

Ich war da so etwa zehn Jahre alt, und wir sind weggezogen, um diesem Geruch zu entfliehen. Nur haben wir dann den Salzburger-Mief kennengelernt, der hat wieder ganz andere Facetten. Der hängt damit zusammen, daß man halt in dieser Stadt Salzburg, die eine so schreckliche Fremdenverkehrskulisse geworden ist, kaum mehr leben kann. Das habe ich so den biederen Salzburger Geruch mitbekommen.

Ich bin dann meinerseits wieder nach Linz zurückgekehrt, weil ich diesen Geruch wieder gesucht habe. Ich bin ja nicht unbedingt ein nasenorientierter, sondern eher ein visueller Mensch. Was mich, stärker noch als die Gerüche, interessiert hat, waren diese Farbspiele in Linz, wenn die Meschen begonnen haben, ihre Gesichtsfarbe zu ändern in Richtung Grün. Es gibt in Linz diese unglaublich bunten Wolken, die da aus der Industrie aufsteigen, so zwischen Rosa und zartem Gelb, jedenfalls haben die Menschen dann seltsamerweise nicht diese Farbe angenommen, sondern sie färbten sich eher ins Grünliche. Und das im Zusammenhang mit diesem Linz-Geruch, das ist für mich jedenfalls Heimat, Kindheit.

Nicht jeder hat zu Linz so eine positive Beziehung wie ich. Manche Leute versuchen, den unglaublichen Linzgeruch irgendwie zu verkleiden. Es gibt ja noch die Möglichkeit mit verschiedensten Körpersprays, Deos und Stiften sich selbst in eine Art von Geruchswolke zu hüllen, sodaß man diese Außengerüche nicht so stark an sich heranlassen muß.

Wir waren im Sommer oft bei meiner Großmutter eingeladen, da sind wir zu ihr aufs Land gefahren.

Die konnte sehr dramatische Geschichten erzählen. Sie war eine tief religiöse, gläubige Frau und hat am Abend immer so Geistergeschichten erzählt und dazu Unmengen von Käse aufgetischt.

Da sind wir dann gesessen, es war ganz finster in der Stube, daran kann ich mich noch gut erinnern. Der Raum, in dem das stattgefunden hat, war eine ganz alte, kleine Bauernstube, inmitten dieser Stube stand ein Tisch und darauf ein riesiger Patzen Landkäse.

Wir sind ganz eng zusammengerückt, weil wir uns gefürchtet haben, ein bißchen zumindest, und währenddessen hat es nach Käse gestunken. Dieser Käsegestank hat die Dramatik der Geschichten ungeheuer verstärkt.

Dieser Käsegeruch hat uns dann beim täglichen Kirchgang verfolgt, da sind wir immer am Abend zur nächstgelegenen Kapelle gegangen, haben dort einen Rosenkranz gebetet, in seiner ganzen Ausdehnung. Da hat sich der Käsegeruch langsam verflüchtigt. Dann sind wir zurückmarschiert und wieder in die Stube, da hat es wieder gestunken.

Ich kann mir vorstellen, wenn ich diesen Käsegeruch jetzt irgendwo wieder riechen würde, würde ich mich wahrscheinlich wieder so zurückziehen und ganz vorsichtig und ängstlich werden und darauf warten, daß sich irgendwer zu mir setzt und mir so eine Geschichte erzählt.

„Der Geruch des Waldes"

Lukas Hammerstein

Lukas Hammerstein, geboren 1958 in Freiburg im Breisgau. Studierte Philosophie und Jura. Lebt in Wien und München. Schriftsteller. Mehrere Bücher bei Klett-Cotta: „Eine Art Gelassenheit", „EINS:EINS", „Im freien Fall".

Wenn ich in den Wald gehe, bin ich ziemlich schlagartig zurückversetzt in meine Kindheit. Ich fühle plötzlich so ein Wohlbefinden, so eine Art Vertrauen. Dann fällt mir ein, daß ich als Kind sehr viel im Wald war.

Meine Eltern haben nahe dem Wald gewohnt. Ich habe dort ganze Tage und Nächte zugebracht, schon im Alter von acht, neun Jahren sind wir einfach durch die Wälder gerannt.

Ich bin großgeworden in Freiburg, das nennt man dort die Schwarzwaldhauptstadt, der Wald wächst dort praktisch bis in die Stadt hinein. Und wenn man am Rande der Stadt wohnt, kann man in die Wälder hineinlaufen. Wir sind bergauf und bergab im Wald gelaufen, haben Wettrennen gemacht, zwischen den Bäumen durch, über diesen gutriechenden, weichen Waldboden, so schnell es ging. Meistens überfallen mich diese Bilder, ich stehe im Wald, und dann fällt mir all das wieder ein.

Waldgeruch heißt für mich in erster Linie: Ich sehe am Boden liegende Nadeln vor mir, spüre einen herben, würzigen, auch leicht süßlichen Geruch, da ist viel Feuchtigkeit dabei. Ich rieche die Pilze und dann auch das Harz, das von den Bäumen, meistens Nadelbäumen, herunterkommt. Es ist so ein würziger, feuchter, schwerer Geruch.

In der Nähe von Brauereien gibt es manchmal einen eigenen Geruch, ich glaube, das ist Hefe.

Mir ist das in München immer wieder passiert, daß ich über die Straße laufe, da sind ja genügend Brauereien, und plötzlich kommt dieser Hefegeruch, und dann fällt mir auch ziemlich schlagartig etwas ein, das mir passiert ist, als ich in der ersten Volksschulklasse war.

Wir haben in der Nähe einer Brauerei gewohnt. Einmal, es muß ein Tag gewesen sein, an dem dieser Geruch auf der Straße lag, wollte ich zur Schule gehen. Ich bin auf die Straße getreten, und auf den Schienen der Straßenbahn lag ein Mann, blutüberströmt. Die Straßenbahn hatte ihn angefahren. Und ich hatte den Gedanken: Jetzt habe ich wahrscheinlich schulfrei. Was ich dann übrigens nicht hatte, weil die Straßenbahn natürlich mit einer halben Stunde Verspätung weiterfuhr.

Aber es ist dieses Bild, das mir heute noch oft einfällt, wenn ich Hefe rieche. Diesen süßlichen, schweren und eigentlich sehr, sehr unangenehmen Geruch der Hefe. Ich kann ihn nicht gut leiden.

Ich war in einer alten Schule, in einem alten Bau mit einer alten Sporthalle, die irgendwann geschlossen wurde, weil sie einsturzgefährdet war.

Die Halle roch, und noch mehr rochen natürlich die Umkleidekabinen, einfach nach Schweiß und jungen Knaben. Ich verbinde mit diesem Geruch auch so etwas wie Unglück und Getriebensein, Bedrängtsein, auch Gehässigkeit, die man ja untereinander hatte und die man einstecken mußte und auch ausgeteilt hat.

Das Umkleiden und sich gegenseitig Anschauen, wer der beste Mann war, auch wenn alle noch keine Männer waren, und alle schwitzten, und die Trikots hingen da, das sehe ich jetzt noch vor mir, grüne Trikots mit weißen Bruststreifen, auf die das Emblem der Schule gestickt war.

Die Halle selbst roch nach Holz, sicher auch ein bißchen nach Bohnerwachs und Schweiß. Da müssen hundert, hundertzwanzig Jahre Schweiß in dem Boden gewesen sein. Da haben wir Bodenturnen gemacht, auch Ballspiele. Das ist auch ein Geruch, den ich nicht leiden kann.

∞

„Die Kindheit, die man nie gehabt hat"

Urs Widmer

Urs Widmer, geboren 1938 in Basel. Lebt in Zürich. Schriftsteller. Zahlreiche Veröffentlichungen. In seinem Buch „Der blaue Siphon" erzählt Widmer von einer Reise zurück in die eigene Kindheit ...

Ich denke, daß der Geruchssinn die elementarste und kräftigste Erinnerungsart ist von allen, viel stärker als Bilder oder Geräusche, Töne.

Ein Geruch einer Lackfarbe, wie sie früher im Haus herrschte, oder die Äpfel unten im Keller. Diese Sehnsucht nach der Kindheit ist wohl sehr oft die Sehnsucht nach einer Kindheit, die man in Wirklichkeit gar nicht gehabt hat, aber gerne gehabt hätte.

Und da spielen Gerüche, die das auslösen, auch eine beschönigende Rolle.

Was fällt mir spontan ein? Der Geschmack von seltsamen kleinen Äpfelchen, die wir hatten, die ich nie mehr wieder gefunden habe, die eine wunderbare Marmelade ergaben, grauslich bitter.

Der Geruch von Neubauten damals – im Kopf bin ich jetzt in dieser Zeit. Unmittelbar nach dem Krieg verwandelte sich die stabile, statische Schweiz, oder mein stabiler, statischer Heimatort, in etwas Dynamisches.

Es wurde sehr viel gebaut plötzlich, und wir Buben waren immer auf den Baustellen, haben dort quasi gewohnt und Zement gestohlen. Das ist ein wunderbarer Geruch, den ich mit jener Zeit verbinde.

Der Schuppen, wo die Geräte aufbewahrt wurden. So eine Mischung aus trockenem Staub, Bast, aufgehängten Zwiebeln und trockener Erde.

Der Gestank der ersten Chemie, die eingesetzt wurde auf unserer Gartenplantage, alles war dann so blau. Das Fünfzigfache von den heutigen Toleranzwerten hat man auf eine Tomate gedonnert. Das waren die Anfänge vom Elend, das wir jetzt haben. Das hat man auch gerochen.

Komischerweise sind das alles Sommergerüche, die ich habe. Der Winter roch nicht.

Die affektive Wucht von Gerüchen ist von nichts anderem einzuholen.

Gerüche sind unendlich viel stärker als das, an was man sich optisch erinnert, was einen berühren mag, aber nicht diesen elementaren Gefühlsaufruhr in einem veranstaltet, den ein wiedererkannter Geruch, auslöst.

VIII.
„Kann man Licht riechen?"

„Kann man Licht riechen?"

Rudolf Egger

Rudolf Egger, geboren 1959 in Deutschfeistritz, Steiermark.
Lebt mit seiner Familie in der Nähe von Graz.
Erziehungswissenschaftler und Autor.
Hörspiele (z.B. „Über den Semmering"), Theaterstücke (z.B.
„Einzelhaft", „Therese"), mehrere Bücher: „Der erste Blick"
(1990), „Horizonte der Pädagogik" (1992) u.a.

Feuchtes Moos, stickiger Dachbodenstaub, stimmlose Sommernachmittage, frisch gebackenes Brot, modrige Nachbarzimmer, und dann vor allem das Licht. Ja, angstloses, gewinnendes Licht.

Licht? Kann man Licht riechen?

In der Kindheit ist alles möglich.

Das Licht beim Aufwachen nach dem Mittagsschlaf, mit den klaren Augen, den blanken, den Vogelaugen. Ein Kinderhimmel besteht immer zuerst aus Gerüchen, aus Riechen, aus dieser grundlosen Fröhlichkeit. Wie junge Hunde legen sich diese Gerüche auf alle Dinge, heben einmal das Bein, und schon gehört sie mir, die ganze Welt, schon bin ich auf einem Kirchturm, oben auf der Spitze, mit dem frischen Heuwind in der Nase. Felder, Sonne unter mir? Oder ein anderes Land? Gleichgültig. Eine Welt weniger Bilder macht immer noch Neugierde. Und aus Neugierde wurde immer schon viel gerochen.

Jedenfalls konnte ich das Licht immer gut riechen.

Das Licht im Braunschopf der Mutter, die vier Wände, die, kaum aus dem Haus, hinter mir her waren. Was für ein großer Spaß, mir Licht in die aufgeblähten Nasenflügel blasen zu lassen. Und ein jeder dieser Nasenflügel war ein Segel. Vogel Nase, der davonfliegt, nach Indien, ins Geruchland, ins Riechparadies.

Das Bild ist berechnend, aber die Nase birgt die Hoffnung. Die Nase der Kindheit. Wir haben viel gewonnen, wenn wir uns an diese Nase erinnern können, an die Gerüche der Kindheit. Gerüche geben uns Kraft aus den Verlusten, schwingen uns wieder empor zu den Schwellen, zu jenem „noch nicht, aber doch schon".

Wenn die Mutter in den Töpfen rührt, da verläuft sich die ganze Vorsehung, die ganze gehoffte Welt in die Nase. Wieviel Liebe und Zärtlichkeit da in einen hineinströmt, und man weiß es nicht einmal. Mit einem Mal merkt er in einem auf, der hochgeworfene Hunger, der nach Speisen und der nach Leben.

Die Nase trinkt weiter, und dann wird es einem klar, daß man an dieser Stelle niemals ein solches Glück vermutet hätte.

Der Duft des Apfelkellers, der leise Windhauch, der durchs Haus zieht. Einen Tag leben, um so einen Geruch wieder aufzunehmen. Einen Tag lebendig und still den Nasenwolken nachgehen, oder noch besser, sie selbst kommen lassen, abwarten, warten, wie auf das Morgengrauen nach einer durchwachten Nacht. Einen Tag leben, auf dem

Riechposten sein, im Hausflur, am Gartenzaun, im Schlafzimmer der Eltern, das hieße da sein, im paradiesischen Zustand des Kindes; ohne Schwermut und ohne den Zählzwang der Jahre, der vergangenen und der noch möglichen Jahre.

Von jetzt ab muß aber alles bezahlt werden, beobachtet, nichts ist mehr frei zugänglich. Ich sitze im Luftzug der Bilder und versuche schon nach einer halben Stunde, Kapital aus meinen Pausen zu schlagen. Aber es ist ohnehin unmöglich. Das Leben ist auf dem Hauptweg nicht einsehbar.

Anders? Wie eben Gerüche sich ausbreiten: im Nebenbei der großen Gesten, die angestrengt nach Leben schnappen.

Wie der Schweiß meines Vaters, der mich mit dem Gartenschlauch schlug, und ich nur Angst vor der Schärfe und dem Mißtrauen seiner Achselhöhlen hatte. So wachsen die Ängste, aber auch das Glück, das unentgeltliche Glück, als Nebenweg, als Seitenpfad der großen Lüste und Befürchtungen.

Und wieder tauchen die Anfänge auf, die Körperwinde, die Klopfzeichen der anderen, die gereizte Wirklichkeit. Ringsum unbezweifelte Fährten, vom Ofen her, vom Gras, alles unbezweifelt und da, geschenkt, eben Paradies. Da strömen die Welten wie Gischt über die Schluchten zwischen den Geschichten.

Und heute?

Wie riechen denn Schmetterlingspuppen, ausgetrocknete Häute von Salamandern, Katzengoldsteine?

Bin ich denn in eine solch geruchlose Welt geraten, daß ich das alles nicht mehr weiß? Habe ich es jemals gewußt? Bin ich nur mehr von Gegenständen umgeben und nicht mehr von Dingen und Lebendigem? Alles Leergut? Ohne Geruch, hinweggeblickt?

Wohin jetzt?

So ein Geruch, der aufsteigt, sich emporschwingt, wieder abklingt, sich verläuft, das ist doch auch eine Hoffnung.

Schon lange nicht mehr gerochen: feuchtes Moos, stickiger Dachbodenstaub, stimmlose Sommernachmittage, und schon gar nicht das Licht.

Aber schon das Erinnern daran tut gut, an eine Zeit, als das Riechen noch geholfen hat.

„Der Geruch des Ozons"

David Kuebler

David Kuebler, geboren in Detroit/USA. Ausbildung am Elmhurst-College. Engagements an vielen großen Opernhäusern. Seit 1991 Mitglied der Wiener Staatsoper. Bei den Bregenzer Festspielen 1992 sang David Kuebler den Faust in Berlioz „La Damnation de Faust".

Als ich vor kurzem einem stärkeren Gewitter zuschaute, vom Balkon meiner Sommerwohnung aus, einem Gewitter im Bregenzer Wald, da wurde ich plötzlich an meine Kindheit erinnert. Aber es war nicht der Lärm, es war nicht der Wind, es war der Geruch, den ich plötzlich wiedererkannte. Es war der Geruch des Ozons, ein scharfer, stechender Geruch, der die Umgebung erfüllte.

Ich bin im mittleren Westen Amerikas aufgewachsen, wo die Stürme sehr heftig werden können.

Wir lebten in einem großen alten Holzhaus, und mein Bruder und ich hatten im Obergeschoß ein Schlafzimmer mit riesigen Fenstern, die reichten vom Boden bis zur Decke.

In der Nacht, wenn ein Sturm aufkam, nahmen wir die Pölster und Decken und legten uns vor diese Fenster auf den Boden. Die Fenster hatten wir ein wenig geöffnet, damit man die Hitze spüren konnte, die sich den ganzen Tag über angestaut hatte.

Ich weiß noch gut, wie sehr dieser Geruch des Ozons, dieser Geruch vor dem Gewitter, uns aufregte. Dieser Geruch versetzte uns in Hochspannung. Als ob die ganze Kraft des Sturms sich auf uns übertragen hätte. Wir lagen da und warteten auf das Gewitter, und es war eine unbeschreibliche Anspannung, eine Erregung, es war ein Abenteuer. Wenn ich heute das Wort Ozon höre, so ist es immer nur in einem negativen Zusammenhang. Ich hatte ganz vergessen, wie aufregend dieser Geruch des Ozons sein konnte.

„Der Geruch des Blitzes"

Robert F. Hammerstiel

Robert F. Hammerstiel, geboren 1957 in Pottschach, Niederösterreich. Lebt in Wien. Beschäftigung mit künstlerischer Photographie. Zahlreiche Ausstellungen im In- und Ausland. Mehrere Bücher, z.B.: „An Bord" (1984), „Stand-Orte" (1988), „Der Stand der Dinge" (1991).

Mit den Gerüchen der Kindheit kommen immer auch Bilder von Bewegungen und Geräuschen in meine Erinnerung.

Gerüche in Verbindung mit Materialien, akustische Zuordnungen, Gerüche in Verbindung zu Menschen, zu Bewegungen, Reaktionen, auch zu Gesagtem. Bilder tauchen auf, die Gerüche sind wieder da.

Die Gerüche der Kindheit sind Gerüche der Menschen, die mich umgaben.

Der Großvater, der Jäger: der Maschinenölgeruch seines Gewehrs, das abgenutzte Leder des Schaftes, die Gummistiefel. Der Geruch des Gewehrs nach dem Schuß: mild schwefelig, als lägen alle Ereignisse schon lange zurück; der

Geruch verlangsamte sich wie die Zeit der Stille nach dem Schuß.

Die Großmutter mit den tagtäglichen Gerüchen des bratenden Fleisches in der Pfanne, mit den prasselnden Zwiebelringen, die ihre Schärfe, ihre Verletzung, ihren Widerstand noch ahnen lassen, aber zunehmend einen süßeren Duft verbreiten.

Der Großvater war gebunden an das Äußere des Hauses, an den Garten, den Wald. So waren auch die Gerüche immer verbunden mit dem Draußen, der Natur: der trockene Geruch des Heus beim Wenden in der Sommerhitze, der kratzende Geruch des Rauches im Herbst beim Verbrennen der braun gewordenen Blätter.

Die Großmutter hingegen war gebunden an das Innere des Hauses, an die Gerüche der Küche, an die Lebensmittel, wie den trockenen, bitter schmeckenden Staub des Mehls, den mild weichen Geruch des Feigenkaffees. Der süß-säuerliche Duft beim Einkochen des Obstes oder beim Füllen der Gläser mit der lange gerührten Masse aus Obst, Zucker und Gelatine.

Besonders stark waren alle Gerüche im Haus in den Wochen vor Weihnachten.

Eingetaucht in Schnee lag das Haus sanft in der Landschaft.

Die kaltnasse Luft tat weh beim Atmen und roch nach Eis und trockenem Pfeffer. Der Geruch war ein Spüren der Kälte auf der Haut, der Geruch war die Vorstellung des Eintauchens in klares Wasser.

Drinnen war im ganzen Haus gleichmäßig ein milder, weit entfernt scheinender, schwebender, zarter Duft nach Vanille, Mehl, Muskatnuß, Zucker, Honig, Mandeln, geriebenen Nüssen.

All dies vermischte sich in dieser Zeit zu einem sanften Gefühl von Geborgenheit, Wärme und Langsamkeit, das den ganzen Körper mehr und mehr durchströmte. Bis hin zum Heiligen Abend, wo all diese Düfte plötzlich ganz nah waren und nur noch vom rauchigen Geruch der Wunderkerzen übertroffen wurden.

Lange blieb der Geschmack nach Schokolade und Nüssen, die Erinnerung an die Gerüche dieser Zeit in mir zurück, aber auch das Gefühl der Eingebundenheit in die Familie, des gemeinsamen, ruhigen Staunens in dieser Nacht, und später dann die knirschenden Schritte durch den eisigen Schnee hin zur Mette.

Die Gerüche der Kindheit waren auch geprägt von den Jahreszeiten, dem Wetter: Die heißen Sommernachmittage, die lange noch die heiße Luft zum Stehen brachten, obwohl schon sichtbar der Himmel dünkler wurde von den plötzlich aufziehenden Gewitterwolken.

Plötzlich durchschneidet ein Blitz dieses Stehen der Dinge, grell färbt er den Hof in überstrahlte Töne, sofort fährt auch der plötzliche Donner durch die lang anhaltende Stille wie ein Schuß.

Dann der stechende Geruch des Blitzes wie Nadeln in der Nase, es riecht nach Äther und Ozon, scharf und reizend kriecht er in mich hinein und setzt sich fest und gräbt sich ein.

Die Stille zuvor ist jäh unterbrochen, wie das plötzliche Reißen eines gespannten Seils.

Sekunden später prasselt der Regen vom verhangenen Himmel und löst den schwefelig scharfen Geruch der elektrisch geladenen Luft auf mit seinem weich duftenden Wasser, als wäre es mit Blütenstaub vermischt, wie an so manchen warmen Frühlingstagen.

Manchmal, denke ich, ist die Kindheit nur wiedererfahrbar und lesbar mit Hilfe der Gerüche. Vieles ist verschwunden in uns, nur die Gerüche sind noch geblieben als Relikt einer Vergangenheit.

Seien es die Ölfarben meines Vaters im winzigen Atelier beim Porträtieren, die so giftig und scharf nach Terpentin und abgestandenem Öl rochen. Die vielen fertiggestellten Bilder, die zum Trocknen aufgehängt waren, wurden von Woche zu Woche süßer im Duft.

Oder seien es die vielen Begräbnisse, bei denen ich das Kreuz trug oder das Weihrauchfaß im weißen Kleid der Ministranten. Der zärtliche, milde Duft, der schon Tage zuvor abgeschnittenen Blumen der Kränze vermischte sich mit dem rauchigen, würzigen Geruch des Weihrauchs und dem frisch ausgehobenen Lehm, der noch naß war und ein wenig faulig roch von den Regentagen zuvor.

So sind die Gerüche der Kindheit verbunden mit der Welt, in der ich lebte, und der Welt, die mich umgab. Gerüche als Suche nach Zeichen einer Identität, Gerüche als Möglichkeit einer Behütung, immer aber als Instandsetzung einer Erinnerung.

„Der Geruch der Höhenluft"

Franz-Joseph Huainigg

Franz-Joseph Huainigg, geboren 1966 in Paternion, Kärnten. Wuchs in Spittal/Drau auf. Lebt in Klagenfurt und Wien. Freier Schriftsteller und Journalist.
Mehrere Bücher: „Meine Füße sind der Rollstuhl" (Bilderbuch), „Lebe mich", „Wenn ich wäre, wie ich bin" u.a.
Nach einer Impfung im Babyalter ist Franz-Joseph Huainigg an beiden Beinen gelähmt und kann sich nur mit Krücken und Stützapparaten fortbewegen.

Nach was riechen im Kopfpolster erstickte Tränen? Ich kann es nicht mehr sagen. An vieles kann ich mich erinnern, aber nicht an den Geruch der Tränen.

Da war der Spannteppich, niedergetreten und grau. Wohl wurde er immer gereinigt, aber den Schmutz und die Gerüche seiner Begeher hatte er längst in sich aufgenommen.

Beim Kriechen nahmen meine Hände und die nachgezogenen Beine diesen leicht modrigen Duft an.

Am Boden lag auch immer viel herum: Verlorenes, Heruntergefallenes, Vergessenes. Mal fand ich in der Küche ein Stück Kohlrabi oder eine einsame Nudel, dann wieder das Blatt einer Tageszeitung. Zeitungspapier riecht anders als Kohlrabi. Zeitungspapier riecht welterfahrener, weitgereister. Ich habe alle Dinge gemocht und gesammelt, die ich auf dem Boden fand. Auch die geruchlose Nudel.

Man sagt, daß ich ein fröhliches Kind war. Fröhliches Kinderlachen riecht wie Frühling. Ich lachte gerne. Und es war ehrlich. Ausweinen tat ich mich ja am Abend. Alleine. Wenn alle schlafen gegangen waren, vergrub ich meinen Kopf ins Kissen und weinte. Tränen schmecken nach Salz. Aber wie riechen sie?

Ich wollte gerne anders sein, als ich es war. Ich wollte nicht immer nur den Boden riechen. Das Leder der Schuhe, die Fliesen, den Beton. Warum konnte ich nicht das haben, was andere in der Nase hatten: Höhenluft. Wie mußte es von dort oben sein, dachte ich mir oft. Andere Perspektiven, Überblicke, bessere Düfte. Ich beneidete die anderen um ihre Möglichkeiten. Fragte mich, warum mir der Duft der Welt verwehrt blieb.

Wenn mich meine Mutter auf den Arm nahm, war ich wie sie, die anderen. Die nicht in der Nacht, sondern am Tag traurig waren. Wie die Höhenluft wirklich war, vermochte ich nicht wahrzunehmen.

Da war immer meine Mutter, die alles überstrahlte. Ihre Kleider, ihre Haut, die Haare, ab und zu ein Parfum – das alles hatte ich ganz nahe bei mir. Dort, in ihren Armen, fühlte ich mich wohl!

Mein Schweiß stank intensiv. Mir ekelte davor. Auch wollte ich ihn nie produzieren. Turnen mußte ich trotzdem. Tag für Tag, ständig dieselben Übungen, wieder und wieder. Ich konnte meinen stechenden Schweiß nicht ertragen. Aber ich hatte jeden Tag zu turnen. Im beißenden Gestank der schweißdurchtränkten Leibchen spiegelte sich die ganze Auflehnung meines Körpers.

Beißend stachen mir jeden Abend die Kräuterkonzentrate der Heilbäder und Inhalationssude in die Nase. Sie drangen in meine Poren ein, brachen meine Muskelspannungen und hinterließen mich in aller Schlappheit. Das hatte ich durchzustehen.

Die Belohnung wurde immer in Aussicht gestellt. Sie war verlockend: Im Bett meiner Eltern durfte ich mich von den Strapazen der Prozeduren erholen. Müde, aber glücklich lag ich dann bis zum Kinn zugedeckt unter der Daunendecke meiner Eltern. Das Bett verströmte einen angenehm herben Duft. Er verhieß Schutz, Behaglichkeit und wohlige Geborgenheit.

Mein Bett war bei weitem nicht so behaglich. Es roch nach Tränen. Genauer gesagt, waren es wohl die Daunen des Kopfpolsters, die, durch die Tränen angefeuchtet, eine schwere, traurige Stimmung erzeugten.

Meine Beine, befreit von der üblichen Aufgabe, meinen Körper zu tragen, waren auch von der Rauheit des Schuhzwanges erlöst. Unbedarft zeigten sie sich der Welt und gaben keine unangenehmen Duftnoten von sich. Dann kam jedoch die Zeit der Gipse, in die beide Beine eingezwängt waren. Gestocktes Blut vermischte sich mit dem angesammelten Schweiß, meine Beine verloren die unberührte Reinheit.

Das Gehen-Lernen fiel schwer. Mühsam versuchte ich, meinen Körper im Gleichgewicht zu halten. Steif stand ich im Raum – gestützt durch Krücken und Gehschalen – und hatte Angst, wieder am Boden zu landen.

Die Höhenluft, jetzt endlich konnte ich sie riechen. Doch sie enttäuschte. Was war an ihr Besonderes? Ich nahm sie nie richtig wahr.

Vielleicht, weil mir das Riechen ab diesem Zeitpunkt unbedeutend erschien. Ich roch wie die anderen – zumindest fast wie sie.

IX.
„Der Geruch des Todes"

„Der Geruch der Äpfel"

Peter Bichsel

Peter Bichsel, geboren 1935 in Luzern, Schweiz.
Kindheit in Luzern und Olten, Kanton Solothurn.
Schriftsteller. Einige Buch-Titel: „Eigentlich möchte Frau Blum den Milchmann kennenlernen" (1964), „Kindergeschichten" (1969), „Geschichten zur falschen Zeit" (1979), „Der Busant" (1985), „Möchten Sie Mozart gewesen sein?" (1990) u.a.

Mein Vater war Bergsteiger, ich bin schon sehr früh mit ihm zu Berg gegangen, aber oft ist er auch allein gegangen. Als kleines Kind wollte ich immer, daß er mehr Äpfel mitnimmt, als er brauchte, damit er noch zwei, drei zurückbrachte. Ich fand diese Äpfel, die den ganzen Tag auf dem Berg waren, so gut.

Aber es war nicht der Geruch der Äpfel, keineswegs, es war der Schweißgeruch meines Vaters, den die Äpfel angenommen hatten. Ich weiß noch ganz genau, wie die gerochen haben. Ja, ist das jetzt ein Geruch oder ein Geschmack. Ich würde sagen, ein Geruch, vielleicht ist es aber auch eine Farbe.

Mein Vater ist, kerngesund, überraschenderweise mit 79 gestorben. Er war mit 79 immer noch ein Leistungssportler, hat Langlauf gemacht, leidenschaftlich, war übertrainiert und hatte zu Hause, mit der Zeitung in der Hand, einen Herzschlag. Die Nachbarn haben es nicht bemerkt, weil er immer unterwegs war, und die Läden ohnehin immer geschlossen waren. Man hat ihn erst zwei Tage später gefunden. Sie haben mich dann angerufen, es war sehr schlimm.

Die Nachbarn sagten: „Du kannst bei uns übernachten." „Nein, ich übernachte hier, in diesem Haus." Sie haben gesagt, das geht doch nicht, das riecht hier so. Und das tat es schon, die Heizung war voll aufgedreht, und er lag zwei Tage da. Aber es roch eigentlich wie damals die Äpfel. Es war der Geruch meines Vaters. Ein fast penetranter Geruch, aber es war der Geruch meines Vaters.

Im übrigen mag ich es am liebsten, wenn etwas nach nichts riecht. Oder wenn schon, nach sich selber. Ich halte gut gewaschene Leute nicht aus, weil die nicht mehr nach sich selber riechen.

„Der Geruch der Kühle"

Marianne Gruber

Marianne Gruber, geboren 1944 in Wien, bis zur Schule in Dürnbach, Bezirk Oberwart, südliches Burgenland.
Lebt in Wien. Schriftstellerin.
Mehrere Bücher. Einige Titel: „Protokolle der Angst", „Zwischenstation", „Die gläserne Kugel" u.a.
In der Erzählung „Der Tod des Regenpfeifers" (Collection S. Fischer) ist als Widmung zu lesen: Für meinen Großvater ...

Ich habe eine sehr starke Erinnerung an den Geruch der Kühle. Der Geruch der Kühle eines Brunnenschachtes, in den ich einmal gefallen bin. Das ist ein ganz anderer Geruch als der von kaltem Wasser. Als ob man die Dunkelheit mit der Kühle da unten mitriechen könnte.

Eigentlich seltsam, wenn ich jetzt daran denke, dann verbinden sich Gerüche noch mit ganz anderen Sinneseindrücken. Mit Eindrücken, die mit der Haut zusammenhängen, mit dem Berühren, nicht unbedingt mit Bildern.

Im Brunnen unten hab' ich versucht, die nassen, kalten Steine zu berühren. Die Hand, die über den glitschigen

Stein tastet. Dann hab' ich die Wange an den Stein gelegt, da hat sich der Geruch wieder verändert.

Ein Land, das heiß ist, riecht nicht immer gleich, man riecht es, wenn es ganz trocken wird. Man riecht, wenn es dampft, man riecht auch, wenn es zu trocken wird. Der Geruch wird so trocken, wie es das Land dann selber ist.

Man spürt: Jetzt ist irgendetwas an der Kippe. Natur kann nicht schreien, aber über die Gerüche, die sie ausströmt, erzählt sie unheimlich viel, und das Burgenland damals hat gebrüllt nach Wasser. Man konnte eigentlich nichts sehen davon, konnte nichts hören, aber man konnte es riechen. Der Stall hat anders gerochen in dieser Hitze, die Tiere haben anders gerochen, die Menschen haben anders gerochen.

Dann fand ich in dieser Hitze noch einen Zufluchtsort, wo es kühl war, das war die Speisekammer. Da gab es die Gerüche von Speisen: Schinken, Eier, die riecht man nicht, Butter, Milch. Manchmal blieben dort auch Reste vom Essen vom Vortag stehen, Sterz, Gurkensalat, und das ganze wiederum mit Kühle verbunden. Dann der Geruch von ganz frischer Milch in dieser Speisekammer, auch von älterer Milch, nicht saurer, auch das Alter riecht, wie bei Menschen.

Einmal versteckte sich die Katze in der Speisekammer, und plötzlich war der Geruch völlig verändert. Die Kammer war abgedunkelt. Eigentlich konnte man die Katze nicht sehen, aber da sie genau gewußt hat, daß sie da nicht hinein darf, hat sie sich auch nicht bewegt, als die Tür aufging. Meine Großmutter hat den Kopf gehoben, geschnüffelt und gesagt: „Die Katze, irgendwo ist da die Katze." Der Geruch hatte sich verändert, es gab eine Störung.

Es gibt Räume, die riechen homogen, geschlossen. Der Brunnen hatte so einen eigenen Geruch, da war vom restlichen Land nichts mehr drinnen. Auch die Speisekammer hatte ihren eigenen Geruch. Der Geruch des Baches war wieder ganz anders, da hat sich alles darin gespiegelt, was rundherum war.

Und dann gab es den Geruch meines Großvater: Tabak, ein bißchen Stall, auch ein bißchen Schweiß. Wenn es ihm gut ging, dann hat er stark nach Tabak gerochen, aber es war so ein frischer Tabak, und er roch auch ein bißchen nach Heu.

Bei ihm habe ich einen anderen Geruch kennengelernt, der für mich als Kind sehr bedrückend war. Er war sehr krank, und ich nenne ihn heute den Geruch des Todes. Er war damals von seinem tatsächlichen Tod noch ziemlich weit entfernt, etliche Monate, trotzdem hatte sich etwas verändert. Es war nichts, was man benennen kann, aber es hat danach gerochen, weniger, schwächer zu werden. Das konnte man auch sehen. Sein Schweiß hat anders gerochen, bei todkranken Menschen kann man das riechen. Er hat einfach nicht mehr nach außen geduftet, wie früher.

Ich kann mich erinnern, als er uns in der Stadt besuchen kam, wollte man mir den Besuch verheimlichen, also mir nichts sagen. Ich sollte zur Wohnzimmertür hereinkommen und überrascht sein. Ich kam zur Tür herein, und ich hab' ihn gerochen: „Der Opa ist da!" – „Woher weiß sie das?" Das war er.

Das Wiedererkennen von Lebendigen am Geruch habe ich in einer besonderen Weise noch einmal kennengelernt, aber passiv, nach der Geburt meiner Tochter. Da habe ich bemerkt, daß sie mich riecht, wenn sie Hunger hatte. Ich kam in die Nähe, sie war ein ganz kleines Baby, sie konnte mich nicht sehen, sie konnte mich wahrscheinlich auch nicht gehört haben, ich nehme nicht an, daß sie mich anhand irgendeines Geräusches von anderen Anwesenden unterscheiden konnte, aber sie hat gerochen, daß ich es bin. Da kommt jetzt Wärme, und da kommt jetzt Nahrung und alles, was sie im Moment gebraucht hat und haben wollte.

Ich bin ein Nasenmensch, und ich glaube, daß sich hinter der Redewendung „Jemanden nicht riechen können" ungeheuer viel verbirgt.

Ich habe mein Erwachsenwerden daran bemerkt, daß sich der Geruch meiner Eltern verändert hat. Ich bin in der Früh gerne zu meinen Eltern ins Bett gekrochen, links Mama, rechts Papa, die Wärme der Decke und der Geruch der warmen Decke, das war eins.

Irgendwann gab es einen Bruch, da habe ich gemerkt, ich beginne diese Gerüche zu meiden. Das war die Pubertät, dieses zunehmende Erwachsenwerden, das Auf-Distanz-gehen, auch mit der Nase. Das hat sich völlig verloren, und dann gab es keine Geruchsidentifizierung mehr.

Jetzt riechen meine Eltern nach alten lieben Leuten, denen man keine Vorwürfe macht, denen man nicht mehr folgen muß. Sie riechen nicht mehr streng, sie riechen auch nicht mehr nach dieser frühen Geborgenheit, denn das ist ja etwas, was sie jetzt selber bräuchten, aber sie riechen wieder sehr vertraut.

Wenn ich in die Wohnung meiner Eltern komme, sie mußten auf ihre alten Tage umziehen und haben sie erst vor zwei Jahren bezogen, da sollte man meinen, neuadaptierte Räume, diese Wohnung muß anders riechen. Das hat sie ein paar Wochen gemacht. Dann eines Tages kam ich auf Besuch und hab' festgestellt: Jetzt riecht es wieder wie in der alten Wohnung, jetzt sind sie hier wieder zu Hause.

∞

„Geruchsblicke"

Clemens Eich

Clemens Eich, geboren 1954 in Rosenheim am Inn. Aufgewachsen in Lenggries und Großgmain/Salzburg. Schriftsteller. Lebt in Wien und Hamburg.
Bücher bei S. Fischer: „Aufstehn und gehn", „Zwanzig nach drei"

Der Geruch des Leichenschauhauses, es roch nämlich nach nichts. Aber dieses Nichts wer derart intensiv, daß es fast einen Geschmack im Mund annahm, so stark hat es sich eingeprägt. Einen Geschmack, den ich seither nicht mehr loswerde.

Ins Leichenschauhaus wurden wir von den Klosterschwestern, die uns im Kindergarten beaufsichtigten, geführt, wenn sie nichts mit uns anzufangen wußten. Dort waren wir still.

Ein alter Bauer, ein Kind mit wächsernem Gesicht.

Ein Geruch, der mich ansieht, ein Blick, der riecht.

Ein Geruch von Tierblut, Blut der Schweine. Ein Würgen im Hals hervorrufend und gleichzeitig kindliche Mordlust weckend. Das rote Blut roch für mich wie die Empfindung der Farbe Grau.

Das Blut, das von den lachenden Fleischhauergesellen mit einem damals riesig erscheinenden Wasserschlauch weggespritzt wird. Das Blut, das sich mit dem Wasser vermischt und in den Ausguß in der Mitte des Schlachthofs fließt, der eigentlich ein Vorgarten ist.

Die Totenschreie der Tiere noch im Ohr, während das Rinnsal aus Blut und Wasser dünner wird, nur mehr ein lautes Tropfen zu hören ist, das in den hellen, bayrischen Frühlingsvormittag tönt.

Im Grunde sind das alles Bilder, die sich in der Erinnerung in einen Geruch verwandelt haben. Eines ist all diesen Gerüchen gleich: Sie riechen immer frisch.

Die frisch aufgeworfene Erde des frisch ausgehobenen Grabes, das frisch zugeschaufelte Grab, die frischen Blumen darauf, Lilien, Nelken, Dahlien, die frischen Kränze, all die Gerüche, die schon die Süße der Fäulnis atmen lassen.

Dunkle, kühle Autowerkstätten im Hochsommer einer italienischen Provinzstadt. Udine, Brescia, Salerno ...

Es riecht nach Benzin und Schmieröl. Schwarze, betäubend riechende Höhlen mit aufblitzendem Metall, ein Blick auf sonnenbeschienenes Chrom, auf Männer in dunklen Overalls, die unter den Autos liegen, darunter hervorkriechen.

Ein aufheulender Motor, Auspuffschwaden, die graublau schimmernd aus dem dunklen Garagentor stoßen, in den flirrenden Himmel entweichen, sich mit den Wölkchen vermischen, das Kind ohnmächtig berauscht und verzückt auf der heißen Straße stehenlassen.

Der Geruch eines Schlauchboots in der Sonne. Am Strand, im Sand, um die Mittagszeit. Bis auf wenige sind alle beim Essen. Warum bin ich nicht beim Essen? Das Schlauchboot so heiß, daß man es kaum anfassen kann. Es stinkt nach Gummi. Ich stelle mir vor, wie es am Strand, inmitten des heißen Sandes, in Flammen aufgeht.

Die ganze Kindheit ist ein einziger Geruch, der einem in die Nase steigt, wenn man es am wenigsten erwartet, um sich, kaum hat man ihn erkannt, sofort wieder zu verflüchtigen. Ein Windstoß, der um die Ecke fegt, bringt einem die Gerüche so nahe, daß man selig erschrocken stehenbleibt, und derselbe Wind trägt sie wieder fort.

„Ich habe als Kind keine Schock-Gerüche gekannt"

Reinfried Wagner

Reinfried Wagner, geboren 1943 in Klagenfurt. Maler. Zahlreiche Ausstellungen im In- und Ausland. Arbeiten in verschiedenen Bereichen. Mehrere Erfindungen. Intensive Beschäftigung mit Ken Wilber.

Ich kenne diesen Geruch vor dem Gewitter.

Die ersten Tropfen fallen, der Asphalt ist heiß, die Tropfen verdunsten, es riecht so, wie wenn man mit einem kleinen Stock in einem Ameisenhaufen herumstochert. Es riecht sauer.

Später habe ich erfahren: Es riecht nach Ameisensäure. Ameisen sondern, wenn sie Angst haben, etwas Säure ab, und das ergibt diesen eigenartigen Geruch. Diesen Geruch spüre ich heute noch. Sobald die ersten Tropfen fallen, riecht die Luft sauer, es riecht nach Gewitter.

Ein wichtiger Geruch war der Waldgeruch. Als Kinder haben wir das Harz von den Bäumen geholt und gekaut. Dieser Geruch, dieser Geschmack von Rinde und Harz, und dazu der Geruch des Waldes!

Im Wald war oft dieser Verwesungsgeruch von feuchter Erde, von Moder und Laub. Ein Geruch von Verwesung, wie ich ihn als Kind vom Friedhof her gekannt habe. Da sind wir Kinder herumgerannt, zwischen den Gräbern, und da waren an manchen Stellen diese Haufen mit verdorrten Kränzen und alten, verblühten Blumen. Diese Misthaufen auf dem Friedhof – von ihnen ging ein starker Verwesungsgeruch aus. Und es war dieser Geruch vom Wald, vom feuchten Laub, von der Erd-Höhle, in der wir oft spielten.

Ja, im Wald roch es oft nach Friedhof.

Ein Geruch, der auch mit Tod, mit Verwesung zu tun hat:
Die toten Mäuse, die mein Freund seziert hat. Ich habe als Kind keine Schock-Gerüche gekannt. Ich habe sie alle angenommen. Die toten Mäuse, die mein Freund seziert hat, die verströmten einen sehr intensiven Geruch, aber es war eben der Sezier-Geruch. Der Geruch war noch intensiver als der Verwesungsgeruch im Wald oder auf dem Friedhof, ich mochte den Geruch nicht, aber er hat mich magisch angezogen.

Ein ganz anderer Geruch meiner Kindheit war der von Lindenblüten. Lindenblüten und Fieber – das gehört für mich zusammen. Als Kind bekam ich, wenn ich krank war, immer Lindenblütentee ans Bett gebracht. Wenn ich heute Fieber habe, wenn ich spüre, wie es mir heiß aufsteigt, dann habe ich sofort auch diesen Geruch von Lindenblüten in der Nase.

Zu Ostern wurden immer die Osterböller abgeschossen. Da lag dann so ein Geruch von Karbit in der Luft. Karbit – das ist für mich ein Ostergeruch.

Als Kinder spielten wir oft in einer Sumpflandschaft, im Schilfgürtel, beim Wasser. Diese Sumpflandschaft hatte einen Geruch, den ich heute vom Geschlecht der Frau her kenne.

Komme ich heute in eine Sumpflandschaft, dann habe ich das Gefühl, ich komme zu einer Frau. Der Geruch einer Sumpflandschaft, das ist für mich ein Frauen-Geruch.

"Es besteht eine körperliche Basilikum-Notwendigkeit"

Alfred Wopmann

Alfred Wopmann, geboren 1936 in Wels, Oberösterreich.
Schulbesuch und Studium in Wien.
Ab 1983 Künstlerischer Direktor, seit 1990 Intendant der Bregenzer Festspiele.

Ein Geruch, der mir sofort einfällt: Verwesungsgeruch. In Wien wohnten wir während des Krieges in einem Teil der Stadt, wo Soldatenleichen „entsorgt" wurden. Der Leichengeruch, dieser Geruch des Todes und der Verwesung, lag im gesamten Bezirk in der Luft. Das ist ein schrecklicher Geruch aus dem Krieg, der unvergessen bleibt.

Ich habe einen Teil meiner Kindheit auf dem Land verbracht, da gibt es natürlich eine Menge an positiven Gerüchen. Das sind typische Land-Gerüche nach Heu, Obst, Sommerwiesen usw.

Was mich aber – aus irgendeinem Grund – besonders geprägt hat: Ich liebe den Geruch von Basilikum. Ich kann tatsächlich sagen: Bei mir besteht eine körperliche Basilikum-Notwendigkeit.

Ich muß von Zeit zu Zeit einfach Basilikum riechen, ich brauche das.

Noch ein Geruch ist mir wichtig.

Ich bin ein Sammler und Jäger von erotischen Düften seit meiner Jugend. Der Geruch einer Frau – die Haut, das Haar, das zu ihr passende Parfum, der ganz spezielle Duft, den sie ausstrahlt – das kann etwas Wunderbares sein. Das hat mich schon als Kind fasziniert – wie aufregend Frauen riechen können.

X.
„Ich habe einen Geruchs-Schrank"

„Ich sammle Bücher und Gerüche"

Friedrich C. Heller

Friedrich C. Heller ist Vorstand des Instituts für Musikgeschichte an der Wiener Hochschule für Musik und Darstellende Kunst. Heller hat eine umfangreiche Privat-Bibliothek. „Jede Bibliothek ist auch eine Gerüche-Sammlung", sagt der 1939 in Innsbruck geborene Friedrich C. Heller. Wonach ein altes Buch riechen kann?
„Nach Dörrpflaumen und Tabak, nach Sommerurlaub und Marillenkompott, nach Kirche und nach Kindheit..."

Bücher duften – natürlich könnte man auch riechen sagen, aber es ist ja eigentlich ein ganz feiner Duft.

Eine Bibliothek ist gleichzeitig eine Sammlung von vielen verschiedenen Düften. Dieser Duft hat zu tun mit dem Papier, mit der Alterung des Papiers und des Leims, der verwendet wurde, um den Büchereinband und den Block zusammenzuleimen. Die Farbe des Einbandes, die Druckfarbe, alles das spielt eine Rolle, natürlich auch sehr oft die Art und Weise, wie das Buch aufbewahrt wurde. Es kann nach schlechter Aufbewahrung oder Vergessenheit duften.

Es ist schon so, daß ich sehr oft Bücher aus dem Regal nehme, weil ich an ihnen riechen möchte. Ich weiß bei vielen Büchern, was für ein Geruch mich da erwartet. Ich kann mir nach bestimmten Launen und Gemütslagen bestimmte Gerüche aussuchen, ich lasse mich sehr oft überraschen.

Vor allem gehört es für mich ganz wesentlich zur sinnlichen Qualität dazu, daß sie duften. Ich möchte auch dazu beitragen, daß die Bücher, die in meiner Bibliothek aufbewahrt werden, diesen Duft bewahren, daß er nicht verfälscht wird.

Ich kann mich erinnern, daß ich auch als Kind schon immer an Kinderbüchern gerochen habe und manche Gerüche aus Bilderbüchern, die ich seit meiner Kindheit besitze, erinnern mich vage an ein ganz frühes Bewußtsein oder ein ganz frühes Selbsterleben. Das ist etwas, was mich seit der frühesten Kindheit begleitet, diese Empfänglichkeit für die Gerüche. Und ich freue mich, daß gerade in den Büchern so ein reiches Repertoire an Düften und Gerüchen angeboten ist.

So im nachhinein möchte ich glauben, in Innsbruck war eigentlich immer Herbst.

Die wesentliche Erinnerung, die ich von meiner Kindheit damals mitgenommen habe, ist die Erinnerung an herbstliches Laub und an diesen etwas scharfen, trockenen Geruch. Regennasses Laub hat einen Geruch, der mir trocken schien, jedenfalls als Kind. Die ganze Kindheit hat eigentlich nach Herbst gerochen.

Josef Leitgeb schreibt in seinen schönen Kindheitserinnerungen „Das unversehrte Jahr" über den Herbst und über diese unheimlichen Herbstgerüche in der Stadt, allerdings in einem Innsbruck, das es so heute nicht mehr gibt, einem, Innsbruck des späten 19. Jahrhunderts und der Jahrhundertwende.

Diese intensiven Gerüche, auch der Blick auf einen Boden, auf dem Herbstlaub liegt, haben meine Kindheit geprägt, und die Erinnerungen daran trage ich bis heute in mir.

Eine andere Kindheitserinnerung an einen sehr intensiven Geruch: Wir wohnten in der Wohnung meiner Großmutter, und immer wenn wir im Sommer vom Urlaub heimgekommen sind, an einem warmen Nachmittag, hat meine Großmutter Marillenkompott gemacht.

Für mich ist das Ereignis des Urlaubsendes etwas Tiefsitzendes, das Ereignis des Heimkommens, verbunden mit dem intensiven Geruch dieses Marillenkompotts. Wann immer ich heute den Geruch von Marillenkompott einatme, habe ich das Gefühl des Heimkommens.

Ich möchte fast meinen, daß Gerüche zu jenen Möglichkeiten gehören, Erinnerungen in einer lebendigen Weise zu erfahren. Gerade dieses Wiederwachrufen von Erinnerungen durch Gerüche, diese Intensität, die in einem Geruch liegt, bringt mich immer wieder dazu, anzunehmen, daß das Vergangene nicht wirklich vergangen ist, sondern daß man es eben nur als Stück gelebtes Leben in sich trägt. Genauso wie die Gegenwart und vielleicht auch die Zukunft.

Ich gehe in meiner Vergangenheit spazieren und trage meine eigene Vergangenheit bei mir.

Man hat natürlich Schwierigkeiten, Gerüche zu klassifizieren. Normalerweise bezieht man sich auf etwas, was einem allgemeinen Konsens unterliegt. Man sagt dann, das riecht wie Obst oder wie reifes Obst oder wie ein fauler Apfel, oder das riecht wie eine verschimmelte Wand oder derlei. Aber es gibt natürlich Geruchsmischungen, gerade in Büchern kommt so etwas vor, bei denen man oft nur einzelne Faktoren benennen kann, und die ich als Ganzes gar nicht benennen könnte.

Ich habe einmal versucht, mit einer kleinen Kartei solche Gerüche mit Namen zu benennen, ich habe dann auch Vergleiche mit historischen Epochen versucht, habe also hingeschrieben: „riecht wie Renaissance". Das ist natürlich eine reine Fiktion, ich denke mir halt, daß das ein Geruch wäre, wie er in der Renaissance vielleicht vorgekommen sein könnte.

Oder, ich beziehe mich auf ein anderes Geruchserlebnis, nämlich bei alten Möbeln. Man kommt ja sehr oft in alten Schlössern oder in irgendwelchen Museen dazu, alte Möbel nicht nur zu sehen, sondern auch ihren Duft einzuatmen. Ich gehe auch immer an diese Möbel heran und berühre sie und versuche, mir den Geruch zu vergegenwärtigen und ihn mir in irgendeiner Weise zu merken. Das mag dann solche Gelegenheiten bieten, Vergleiche anzustellen und irgendetwas als Renaissanceduft oder gotischen Duft zu bezeichnen. Aber das ist nichts anderes als eine Hilfsbezeichnung. In Wirklichkeit kann ich das leider nicht genau benennen, ich bedaure das sehr ...

∾

„Ich habe einen Geruchs-Schrank"

Alois Hotschnig

Alois Hotschnig, geboren 1959, lebt in Innsbruck. Schriftsteller.
Bücher im Luchterhand-Verlag: „Aus", „Eine Art Glück", „Leonardos Hände".

Ich habe einen Geruchsschrank. Bei mir ist eigentlich das ganze Haus ein Geruchsschrank, aber hier habe ich riechende Dinge, Gerüche, die für mich nicht nur Gerüche sind, sondern Existenzphasen, die sich irgendwann in mir und mit mir und um mich herum abgespielt haben.

Pelikanol zum Beispiel: Das ist Schule, Volksschule, der angenehme Teil der Volksschule, der schon mit einem Ansatz von Kreativität zu tun gehabt hat.

Gleich daneben ist ein parfümierter Brief, den ich zum Geburtstag bekommen habe, zirka zwanzig Jahre nach dieser Volksschule. Diese Volksschule ist nämlich auch mit einem schrecklichen Geruch in Verbindung zu bringen, und der haftet eben an diesem Brief. Er mit dem Parfum beträufelt, das mein damaliger Volksschuldirektor verwendet hat. Der, der uns, oder insbesondere mich, jeden Tag in der dritten Stunde vor die Tür gezerrt hat, mit der Frage: „Wie stehen die Soldaten, Hotschnig?" – und geschlagen hat. Nicht nur mich, aber aus meiner Sicht hauptsächlich mich.

Man mußte dann so dastehen, wie eben Soldaten stehen, wenn sie Habtacht stehen. Dann schlug er uns, bis das Blut rann.

Dieser Geruch ist immer wieder gekommen, im Medizinstudium dann später, bei der Anatomie, in den Behältern, wo die Leichen sind. Das riecht eigentlich ganz anders, aber für mich ist es der gleiche Geruch.

Die Zeichenkohle: Bevor ich angefangen habe zu schreiben, habe ich es anders probiert, nämlich auf Papier und mit den Händen, nicht wie jetzt mit dem Kopf und mit der Sprache. Die Zeichenkohle ist seitdem von ihrem Geruch her mit Packpapier verbunden, gemeinsam mit den Bildern, die ich damals gemalt habe.

Es sind eigentlich Geruchsbilder, auch wenn sie nicht riechen. In meinem Kopf bilden sie eine Einheit mit meiner Identität. Diese Bilder sind nicht nur bemaltes Papier und der Geruch der Kohle, sondern sie drücken meine Angst aus, meine Angst vor der Angst – sowie auch das Gegenteil davon.

Zeiten, meine eigenen Zeiten, haben für mich Zeitgerüche. Und nicht nur Zeitgerüche, es ist eine Zeitidentität. Der Geruch läßt einen sich erinnern, nicht nur an das, was man war, sondern auch daran, daß es man noch ist. Wenn ich diese Gerüche aufsuche, immer wieder, bin ich nicht jeweils der, der ich gerade bin, also der 32jährige Autor, sondern ich bin das vierjährige Kind, der 17jährige unglücklich Verliebte.

Ich bin alles das, was ich über diese Gerüche einmal war. Und das bin ich dadurch, daß mich diese Gerüche immer noch nicht loslassen, im positiven Sinn nicht loslassen, mich begleiten, aber eben nicht als eine Hülle, sondern als Identität, aus mir heraus.

Mit der Sprache drücke ich mich aus, und in den Gerüchen erkenne ich mich wieder.

Dann ist hier in der Dose ein ganz wundersamer Geruch, das sind zwei Lebensabschnitte, die sich hier in der Dose gegenseitig beriechen.

Das eine ist Weihrauch, Kirche. Meine Ministrantenexistenz mit roten Ohren, wenn man sich nicht traute, die Lesung vorzutragen, verbunden in mir mit der Schrecklichkeit und Peinlichkeit, den Leuten, die da vor mir saßen, täglich die Lesung zu lesen und vor einem Pult zu stehen, das zu groß war für mich, sodaß ich dahinter verschwand.

Das war meine Ministrantenexistenz, die ich auch immer wieder aufsuche. Ich gehe als der nichtgläubige Mensch, der ich jetzt bin, der ich damals auch nicht war, in die Kirche. Ich gehe hinein, immer unverhofft, plötzlich, einfach in einer spontanen Sucht nach diesem Sakristeigeruch, nach Beichtstuhlgeruch, dem Schulgeruch, dem Schweiß, verbunden mit Saunaholzgeruch.

Der zweite Geruch der hier noch in der Dose ist, ist das Zedernöl, eine kleine Flasche, das ist neben dem Formalin der zweite Geruch der Anatomie.

Ich habe seit fünf Jahren nicht mehr daran gerochen, und ich merke, der Geruch hat eigentlich gar nichts mehr mit dieser Nichtexistenz von mir zu tun, sondern es ist Holz, Harz, es ist wieder der Wald, das Pech an den Bäumen längst vergangener Tage.

Es ist jetzt, merke ich gerade, ein Lebensgeruch geworden.

Eigentlich war er hier bei dem Weihrauch versteckt, als eher zu versteckender Tötungsgeruch.

Bleistifte, Papier. Ich schreibe mit Bleistift, weil ich auch permanent mit der Zeichensituation der früheren Jahre verbunden bin, über den Geruch. Ich sitze, und es spielt sich etwas im Kopf ab, über den Geruch.

Im Kopf riecht man nicht, aber wenn etwas aus dem Kopf heraus kommt, dann soll es so authentisch sein, daß man es riechen kann. Das gelingt mir über den Geruch der Bleistifte, die sehr weich sind und alle fünf Zeilen zu spitzen sind und dadurch auch die Möglichkeit geben, eine Pause zu machen, und ganz einfach daran zu riechen.

Das ist ganz einfach ein Lebensgeruch. Wenn ich den Spitzer aufmache und da dieses abgefeilte Holz rieche, könnte ich mich sofort hinsetzen und zu schreiben beginnen.

Wenn es irgendwann in einem längeren Text nicht weitergeht, dann kann ich mich über dieses Bleistiftspitzen wieder in einen Text, und dadurch wieder in mich hinein schreiben oder spitzen.

„Die Apotheke war das reinste Geruchskonzert"

Renate Ganser

Renate Ganser, geboren 1952 in Dornbirn, Vorarlberg. Lebt in Wien.
Sprach-Studium in Innsbruck, Beschäftigung mit Theater, Lehrtätigkeit in Frankreich, Film-Übersetzungen. Dissertation über die Funktion von Erinnerung.

Die Gerüche der Kindheit sind mir sehr wertvoll. Da ich jetzt nicht mehr dort wohne, wo ich aufgewachsen bin, passiert es mir manchmal, daß ich mich über irgendwelche Gerüche dorthin verpflanzen kann.

Als ich zum Beispiel in dieses Haus eingezogen bin, habe ich plötzlich festgestellt: In diesem Haus hat irgend etwas so gerochen wie im Haus meiner Großmutter.

Dem bin ich nachgegangen, da habe ich gewußt, das ist das richtige Haus, auch für mich, und ich habe diese Verbindung wieder herstellen können. Dann ist mir alles wieder eingefallen, was in dem Haus so passiert ist oder wie es da ausgesehen hat.

Das weiß ich natürlich sowieso, aber wenn ich so einen Geruch in der Nase habe, dann ist es so, als würde ich plötzlich in den Raum versetzt, und der Raum wäre jetzt wirklich hier.

Sehr wichtig sind auch Gerüche von Pflanzen, z.B. Arnika. Dieser Geruch macht mich fast verrückt. Das löst auch sehr starke Sehnsüchte aus. Die Sehnsüchte von damals, das ist der Geruch von Arnika.

Der Geruch von frisch gestrichenem Holz, von Feuer oder Schnee, es riecht ja sogar Schnee.

Die Jahreszeit, wenn sie kommt.

Gerüche sind bei mir sehr stark an meine Großmutter gebunden, die hat eine ziemlich große Palette anzubieten gehabt. Erstens hat sie selbst sehr gut gerochen, nicht nach Parfums, schon mit einer bestimmten Art Wohlgerüchen verbunden, aber sie hat so einen warmen Geruch gehabt. Dann war sie Apothekerin und hatte eine Apotheke, das war das reinste Geruchskonzert.

Wenn ich jetzt in eine Apotheke gehe, habe ich die größten Schwierigkeiten, mich dort ganz neutral zu verhalten, weil irgendwie würde ich dort am liebsten meine Großmutter suchen gehen, hinterm Ladentisch oder bei den Waagen, am Schreibtisch.

Im Sommer, da waren wir immer in einem kleinen Ort im Mittelgebirge in Vorarlberg, und da war vollkommen freie Bahn für Kinder, da sind wir herumgeschwirrt. Und es ist jetzt noch so, wenn ich dort bin und man würde mir die Augen verbinden und mich in irgendeine Ecke stellen von diesem kleinen Ort, auf irgendeinen bestimmten Hügel, dann würde ich sofort erkennen, wo ich bin, nur vom

Geruch her, denn da riecht es in jeder Ecke anders. Aber das ist sehr schwer zu beschreiben.

Zu diesem kleinen Ort hat man jetzt eine große Straße hinaufgebaut, und es gibt viele Autos, ein Geschäft und Busse. Damals gab es nur eine alte Staubstraße.

Jetzt sind die Gerüche zwar noch vorhanden, aber ich habe Angst, daß das alles verschwindet und daß dadurch die Gerüche verschwinden, weil alles immer einheitlicher und massenhafter wird. Daß die Räume dann selbst auch nicht mehr übliche Orte sind.

Ich glaube, daß für uns Menschen solche Dinge, die uns erinnern, die so einen roten Faden durchs Leben ziehen, den wir immer wieder entdecken können – eben über Gerüche oder auch andere Eindrücke – unheimlich wichtig sind. Das sind Empfindungen, die man vielleicht gar nicht ausdrücken kann, aber die einem eine gewisse Geborgenheit geben, und ein gewisses Wiederfinden vom Anfang bis zum Ende, daß alles doch irgendwie in Verbindung ist. Die Gerüche sind ein Schlüsselelement für mich in dieser Verbindung.

Wenn sich alles so rasend schnell verändert, wenn die Veränderung einfach zu schnell ist und zu wenig organisch, wenn das alles durch irgendwelche Produkte oder Machenschaften oder irgendwelche modernen Techniken viel schneller passiert, als das von selbst wachsen oder sich verändern würde, ich glaube, daß dann Dinge auch verschwinden, die so einen roten Faden vermitteln können. Das empfinde ich als eine unheimliche Verarmung.

XI.
"Die Gerüche haben noch viel mit uns vor"

„Gerüche sind Speicher für die Gefühle der Zukunft"

Lois Weinberger

Lois Weinberger, geboren 1947 in Stams in Tirol. Lebt in Wien.
Zahlreiche Ausstellungen im In- und Ausland. Objekte, Photographien, Skulpturen. Weinberger hat auch eine Geruchs-Skulptur geschaffen.
Im Gespräch weigert er sich, Geruchs-Anekdoten zu erzählen. Anekdoten sind Lügen, sagt Weinberger.
Er gab mir folgenden Text mit dem Titel „Notizen zu Gerüchen".

Man kann behaupten, daß es kein Erinnerungsbewußtsein ohne Gerüche gibt, und sicher sind sie Speicher für die Gefühle der Zukunft, sind Lebensausschnitte, gleichzeitig flüchtig und real, einem Traum ähnlich.

Wenn mir als Kind meine Mutter schnell mit dem Schürzenzipfel und ihrem Speichel das Gesicht reinigte, so erinnere ich mich heute – über den Geruch – an das sich Wehren und Winden bei dieser Prozedur, aber auch an den darauffolgenden Besuch und seinen Gegebenheiten, an Details von Räumen, Temperatur etc.

Es entsteht so etwas wie eine faßbare, präzise Skulptur.
Das Sprechen über Gerüche und die damit verbundene Intimität ist nur über Kunst oder Chemie möglich.

∞

„Mein Geruch ist der Nicht-Geruch"

Oswald Oberhuber

Oswald Oberhuber, 1931 in Meran geboren, in Innsbruck ausgewachsen. Maler. Rektor der Wiener Hochschule für Angewandte Kunst.

Ich leide unter starken Gerüchen bei Menschen, das halte ich nicht aus.

Die anderen Gerüche, vielleicht sind das dann Gerüche der Kindheit, sind Gerüche aus dem Bereich von Obst und Naturalien, also Dingen, die man gerne ißt, gerne beschnuppert, das ist ein Erlebnis.

Geruchliche Erinnerungen sind bei mir sehr bedingt durch Abneigung, Abneigung gegenüber Personen, die entstehen durch Gerüche. Das ist aber nicht so ein intensiver Geruch, daß man keine Möglichkeit hat zu existieren. Solche Erlebnisse habe ich nicht. Vielleicht bin ich zu wenig im Schmutz aufgewachsen.

Bei der Malerei ist für mich der Geruch etwas ganz Natürliches. Benzin, Terpentin oder Ölfarbe, das sind Gerüche, die ungeheuer positiv sind. Sie sind zwar aufregend und stark, für mich aber nicht abstoßend. Es sind die positiven Gerüche, die ich anstrebe und die mir ein notwendiges Bedürfnis sind.

Zum Beispiel Parfumherstellung, das interessiert mich. Gerüche künstlich zu erzeugen, das ist ein Moment, in dem ich Gerüche für mich selbst nicht negativ empfinden muß. Weil ich eben geruchlich so empfindlich bin, daß ich außer jede Funktion gerate, wenn der Geruch so negativ ist, daß er mich fast ohnmächtig macht.

Der beste Geruch ist für mich der Geruch, den es nicht gibt. Es gibt ja Gerüche, die man nicht unmittelbar verspürt, Gerüche, die einfach vorhanden sind. Der Geruch, der nicht existiert, ist angenehm, das heißt, ich muß mich hineinfinden in einen Geruch, der für mich selbst richtig und notwendig ist.

Sobald ich etwas als Geruch erkenne, stört es mich. Der Nicht-Geruch, der Geruch, der nicht existiert, das ist eigentlich der Geruch, der zu mir gehört.

„Der Geruch des Brotes"

Heinz Cibulka

Heinz Cibulka, geboren 1943 in Wien. Aufgewachsen in Wien-Favoriten. In frühen Kindheitsjahren oft in Loimersdorf im Marchfeld in Niederösterreich.
Heinz Cibulka zählt zu den bekanntesten österreichischen Photographen.

Es gibt für mich eine Kindheit in der Gegend meines Geburtsortes, das ist für mich Wien, Favoriten.

Aber was die Gerüche der Kindheit zu meiner Person betrifft, fällt mir am ehesten Loimersdorf ein, das ist eine kleine Ortschaft im Marchfeld, wo die Familie meines Vaters her ist und ich in den Ferien immer zu Besuch war. Da habe ich die archaischsten Geruchserinnerungen.

Die Schürze meiner Großmutter bei der Umarmung, wenn ich zu Besuch gekommen bin, oder der Geruch, wenn ich zu ihr in die Speisekammer gegangen bin, meistens durfte man gar nicht rein und wenn, dann war das so gekoppelt mit dem Hunger und mit der Erwartung, ein Schmalzbrot oder vielleicht ein Stück Speck zu kriegen. Das sind ganz starke Erinnerungen.

Auch Tiergerüche, meine Großmutter hat eine Ziege gehabt, dann Gänse und Hühner. Und natürlich auch das Plumpsklo, das neben den Misthaufen war.

In den Ferien war immer Sonne. Die typischen Gerüche durch die Einwirkung der Sonne: Mit den Kirschen hat es angefangen, über die Marillen zu den ersten Äpfeln und dann in den frühen Herbst hinein. Die Zeit um Juli und August war sehr geruchsintensiv.

Auch erinnere ich mich sehr stark an den Körpergeruch meiner Großmutter. Sie hat ein strohgestopftes Bett gehabt, sie war eine eher ärmere Kleinhäuslerin, die aber durch die Liebe zu mir zu einer ganz grundlegenden Figur geworden ist.

Oder der Schlafzimmergeruch, das waren ungeheizte Räume mit einem leichten Mief, leicht feuchte, kleinere Räume, die aber zugleich, durch ihre Einfachheit und Sorgfalt für das Wenige, eine ganz starke Ausstrahlung auf mich hatten.

Man erinnert sich gern an die Kindheit, weil man da sehr vital gelebt hat.

Die Kindheitsgerüche sind ja quasi eine Erstprägung, wenn man das so vergleicht mit einer Schallplatte, das sind die ersten Gravuren im Leben.

Man erinnert sich vielleicht auch deshalb gerne daran und hat so das starke Gefühl, das seien so wichtige Dinge, weil man ja als Kind wirklich intensiv gelebt hat. Wo man sich in einem brachialen Eroberungszustand Erlebnisse erstmalig zugeführt hat. Im weichen, unbewußten, kindlichen Material des Aufwachens, des Lebenwollens. Danach sehnt man sich und versucht auch immer wieder dort anzuknüpfen.

Als Künstler ist diese Quelle des spontanen Erlebens wichtig, wie auch der Versuch, das immer wieder so brachial nachzuerleben und das auch auszudrücken. Und man wirkt deshalb auch so kindlich, unvernünftig oder kindisch.

Diese frühen Prägungen bei Gerüchen sind sicher auch deshalb so schön, weil man sie sich eben nicht so erklären kann. Dadurch sind sie auch ein Besitz, würde man das mathematisch, logisch klar wiedergeben können, würde man sie auf diese Weise verlieren.

Meine Mutter hat bei mir immer eine Essensleidenschaft hervorgerufen, wenn ich mir ihre typischen Gerichte in Erinnerung bringe. Zum Beispiel ein Erdäpfelgulyas, die gefüllten Paprika ihrer Art, zu dieser Speisekategorie hat sich meine Einstellung mittlerweile geändert.

Die leidenschaftliche Anziehung durch diesen Geruch ist grundsätzlich heute noch sehr stark und eigentlich gleich geblieben, nur daß es mir heute bewußter ist, daß es mir schmeckt. Wohingegen ich es früher in einem gewissen Selbstverständnis genießen konnte, ohne zu wissen, in welch schöner Welt ich gelebt habe.

Meine Großmutter hat ganz einfache Speisen gemacht. Wie die Braterdäpfel, die auf einem Holzofen zubereitet wurden. Allein das Anzünden dieses Holzherdes war schon ein faszinierendes Geruchserlebnis.

Bei meiner Großmutter habe ich das frische, selbstgemachte Brot zum Bäcker getragen und später, als es fertig gebacken war, wieder geholt. Das hat einen Geruch gehabt, der dieses Lebensritual besonders stark ausgedrückt hat, wie auch das Warten und Eintreten bei Bäcker, das Klingeln dabei, mit dem einem gleich der Geruch entgegenschlägt. Dann das eigene Brot nach dem Bezahlen übernehmen, nach Hause gehen und ein Krustenstück, das man nicht bemerkte, dabei abbrechen, was natürlich verboten war. Das sind schon große Erlebnisse für mich, wie auch das Anschneiden eines Brotes. Es war Sünde frisches Brot zu essen.

Es gab ein eigenes Geruchsleben des Brotes, angefangen vom Teig. Ich habe ja auch zugeschaut, wie die Großmutter Mehl auf den Tisch geschüttet hat, dann Ei, mit Germ oder Sauerteig, das weiß ich nicht mehr. Ich nehme an, sie hat ein Schwarz- oder Mischbrot mit Sauerteig bereitet. Sauerteig ist eine ganz eigene, unglaubliche Geruchsquelle, weil ich jetzt selber oft Brot mache. Wenn man das heiße Brot nach Hause brachte, das zu essen ja verboten war, und dann das alte Brot essen mußte, das ist ein schöner Bogen, von dem ich auch viel lernen konnte. Da mußte ich warten, obwohl mir das frische Brot viel besser geschmeckt hat.

„Die Gerüche haben noch viel mit uns vor"

Hermann Nitsch

Hermann Nitsch, geboren 1938 in Wien. Maler und Aktionskünstler. Lebt in Prinzendorf an der Zaya.
Das Bespritzen der Leinwand, das rituelle Beschütten eines nackten Menschenkörpers oder eines Tierkadavers mit Blut, das Verwenden von Tier-Eingeweiden bei seinem „Orgien-Mysterien-Theater" – das alles irritiert bis heute die Kritiker. Der Geruch spielt bei den Aktionen von Hermann Nitsch eine wichtige Rolle. Nitsch erstellt auch Geruchs-Partituren ...

Ich inszeniere reale Geschehnisse, und ein reales Geschehnis ist schmeckbar, ist riechbar, betastbar, beschaubar, ist hörbar. Der Geruch spielt eine ganz große Rolle, kann oft etwas vermitteln, was ein visueller Eindruck oder eine intellektuelle Leistung nicht vermitteln können.

Wenn man einen Menschen sehr gut kennt und sehr liebt und man ist weit entfernt – und plötzlich riecht man einen Geruch, der sich stark auf diesen Menschen bezieht oder mit diesem Menschen verbunden ist, steht er plötzlich da, in einer unglaublichen Plastizität.

Gerüche betreffen die unteren Schichten, die noch vor dem intellektuellen Rezipieren kommen, und können uns oft ungemein betreffen.

Wenn ich mich so zurückerinnere, weiß ich, daß es auch Gerüche gegeben hat, die mich ganz stark betroffen haben. Fliedergeruch, Jasmingeruch.

Als Kind war ich oft im Weinviertel. Ich bin in Floridsdorf aufgewachsen, da hat es in Stammersdorf und in der Gegend schon überall Heurige gegeben. Der Geruch von verschiedenen Weinen, der Geruch in Weinkellern, wo der Wein vergoren wird.

Immer wieder auch: der verschüttete Wein; irgendwo, im Autobus ist eine Weinflasche runter gefallen, und in der Hitze ist dann der Weindunst hochgestiegen. Das sind alles Gerüche, die mich sehr beeinflußt haben.

Ein Erlebnis, das mich stark betroffen hat: Ich hatte einmal eine Nervenentzündung im Arm, da war ich in Salzburg auf Urlaub. Ich war damals noch ein Kind, und da hat man mich mit Arnika behandelt. Das war damals ein Wundermittel, das war für alles gut.

Diese Nervenentzündung ist dann irgendwann vergangen, und ich weiß noch, Jahre später habe ich einen ähnlichen Geruch registrieren können, das war eine Butterdose, mit ranziger Butter. Das hat genauso gerochen wie Arnika.

Der Schmerz ist unglaublich plastisch geworden, ich habe mich so plastisch an diesen Schmerz erinnert, wie keine Erzählung das je wiedergeben könnte.

Ich habe mich sehr viel mit Lyrik beschäftigt, da bin ich draufgekommen, welch ungeheure Rolle der Geruch in der Lyrik spielt. Es ist so: Wenn man ein Bild sieht, spielt die Farbe eine große Rolle, ein gewisses Formenspiel, Komposition, Zeichnung und was weiß ich was alles. Aber gerade in der Dichtung spielt dieser Sinn, der oft als nieder bezeichnet wird, eine immens große Rolle.

Die Sprache bedient sich in der Dichtung aller Zeiten der Düfte, von Homer bis zur Gegenwart. Ohne Düfte und Geschmacks- sowie auch Temperaturwerte kommt die Dichtung nicht aus.

Doderer hat einmal gemeint, der Dichter ist ein Mensch, der die Welt sinnlicher empfindet als der Normal-Mensch. Da sieht man schon, was für eine große Rolle der Duft in der Dichtung spielt, bei Goethe, bei Hölderlin, bei Musil.

Ich habe versucht, das herauszuarbeiten und für meine Arbeit zu verwenden. Der große Schritt, den ich gemacht habe und der vielleicht auch meine Arbeit bedeutend macht, ist der, daß ich nicht mehr wollte, daß Gerüche und Geschmackswerte in Form der Erinnerung zitiert werden.

Wenn man irgendein Rilkegedicht liest und da wird ein Blütenduft erwähnt, dann muß man sich erinnern an den Blütenduft, diese Empfindung schon einmal gehabt haben. Bei meiner Arbeit ist es jedoch anders, da riecht man ihn konkret.

Dann habe ich begonnnen, Partituren zu schreiben, wo die Leute richtige Geruchskolonnen tatsächlich zu riechen haben, in Verbindung mit meinen Aktionen. Das ist mir ganz wichtig, und dabei spielt der Geruch eine ganz tragende Rolle.

Ich bin kein Naturwissenschaftler, aber ich habe von einem Gehirnphysiologen gehört, daß im menschlichen

Gehirn noch viele Zellen, die sich mit Geruch beschäftigen sollten, ungebraucht sind. Man könnte annehmen, daß die Natur mit dem Menschen in Richtung Geruch noch etwas vor hat. Die Gerüche haben viel mit uns vor.

Vielleicht sind wir in einer Phase unserer Entwicklung, wo sich das Menschsein vom Geruch abgewendet hat. Zum Unterschied zu den Tieren, für die Geruch doch viel, viel mehr bedeutet, viel wichtiger ist und auch in einer anderen Plastizität verarbeitet wird als beim Menschen.

Meine Arbeit soll schließlich auch die Entwicklung der gesamten Natur vorantreiben. Wir können nicht zurück zum Tier, aber wir sollten durchaus etwas, das uns verlorengegangen ist, weiterentwickeln, in Verbindung mit dem, was wir dazugewonnen haben. Und vielleicht können wir dann sogar das Tier in dieser Richtung übertreffen, daß wir unsere Wahrnehmung von Geruch und Geschmack intensivieren und durch unsere Gedankenkraft noch verarbeiten können.

Der Geruch ist natürlich auch ein Tor zum Unbewußten. Der Geruch von Fäkalien ist etwas Negatives, trotzdem weiß jeder, daß er oft recht gern in seinem eigenen Gestank sitzt. Aber von Fremden riecht man das nicht gern, da ist es etwas Unflätiges.

Es wird also vieles, was mit Geruch zusammenhängt, der sogenannte Gestank, einfach verdrängt, das will unser Bewußtsein nicht, das ist etwas Niederes, man läßt höchstens Blumendüfte gelten.

Der Geruch bildet die Pforte zum Unbewußten. Wenn man da versucht hinunter zu assoziieren, kommt viel Unbewußtes wieder hoch, vieles fällt einem wieder ein. Man merkt, wie stark man eigentlich mit den Gerüchen lebt, und trotzdem ist die Tendenz vorhanden, das zu verdrängen. Das beziehe ich auch auf die heftige Kritik an meiner Arbeit.

Der Ekel beginnt beim Geruch, es kann etwas scheußlich zum Ansehen sein, aber es ist noch scheußlicher, wenn es auch noch stinkt. Meine Arbeit ist eben so realistisch, daß sie hart an die Ekel-Grenze geht. Die ist bei den Menschen eben verschieden angelegt.

Bei Menschen, die groß und stark erleben können, da ist die Ekelschranke nicht so streng, aber bei den Zwänglern und Verklemmten, ist sie am allerstrengsten.

XII.
„Diesen Geruch werde ich nie vergessen"

„Am meisten freuten wir uns auf Ostern"

Juliane Janisch

Meine Mutter, Juliane Janisch, wurde am 28. 2. 1931 als Juliane Heindl in Deutsch-Bieling, Bezirk Güssing, im südlichen Burgenland geboren. In Deutsch-Bieling und den benachbarten Orten wie Heiligenbrunn, Strem, Moschendorf, Luising verbrachte sie ihre Kindheit. Als Beruf würde sie wohl „Hausfrau" angeben. Sie lebt heute in Zwölfaxing, Niederösterreich.
Auf die Frage nach den Gerüchen ihrer Kindheit bekam ich von meiner Mutter – nach einigem Zögern – folgenden von ihr zunächst handgeschriebenen Text:

Auf dem Land unter fünf Geschwistern aufgewachsen, wurden wir nicht allzusehr verwöhnt. Da ja auch der Krieg in die Zeit meiner Kindheit hineinreicht, war es damals nicht leicht, auch gar nicht möglich, Wünsche – das Essen betreffend – zu erfüllen.

Ich kann mich noch sehr gut an einen Geruch erinnern. Ich denke heute noch an den Duft der gebratenen Erdäpfel. Fast jeden Abend hat meine Mutter ein paar Erdäpfel reingewaschen, in den mit Holz geheizten Ofen gegeben und mitsamt der Schale schön knusprig gebraten.

Wenn wir Kinder draußen im Hof waren, drang dieser herrliche Duft schon zu uns, da wußten wir, es ist so weit, unser Nachtmahl ist fertig. Es schmeckte immer wunderbar. Und dazu tranken wir eine frisch gemolkene Milch von den eigenen Kühen. Da konnten wir uns so richtig vollstopfen, es hat uns immer wieder gut geschmeckt.

Auch an das frischgebackene Brot, das meine Mutter noch selber machte, erinnere ich mich heute noch gern.

Am Abend vorher wurde der große Backtrog, der nur für das Brotbacken bestimmt war, in die Küche gebracht. Das Mehl, der Sauerteig, alles was dazugehörte, wurde bereitgestellt.

Die Mutter stand dann sehr früh auf und hat noch mit der Hand geknetet. Wir mußten brav im Bett bleiben, damit sie nicht gestört wurde. Der fertige Teig kam in runde Körbchen. Dann wurde der Backofen, der in der Küche stand, eingeheizt. Sobald die richtige Hitze, die zum Brotbacken notwendig ist, erreicht war, wurde im Laufe des Vormittags dieses gute knusprige Brot gebacken.

Das war vielleicht ein Duft!

Bis hinaus in den Hof und in den Garten, wo wir spielten, hat uns dieser Duft begleitet. Wir konnten es kaum erwarten, ein Scherzerl, so nannten wir das erste Stück vom Laib, zu bekommen. Jeder wollte da der erste sein, das hat sich jede Woche wiederholt. Heute ist das Scherzerl noch immer mein liebstes Stück Brot.

Am meisten freuten wir uns auf Ostern. Da wir sehr gläubig waren, wurde auf das Fasten geachtet. Ab und zu wurde ein Schwein geschlachtet. Das Fleisch wurde sorgfältig eingeteilt, das meiste wurde gut geselcht, damit es länger hielt.

Der größte Schinken wurde aber für Ostern aufbewahrt.

Die ganze Woche davor hatten wir kein Fleisch mehr gegessen. Am Karsamstag wurde dieser Schinken schon vormittags zum Kochen auf den Herd gestellt. Es dauerte Stunden, fast den ganzen Tag, bis das Fleisch fertig war.

Da gab es immer schon diesen Geruch, wir konnten es kaum erwarten, ein Stück davon zu bekommen.

Immer wieder gingen meine Geschwister und ich in die Küche und fragten: Wie lange dauert das denn noch?

Am Sonntagmorgen wurde das Fleisch dann in die Kirche getragen, zur Weihe.

Ja, und dann war es endlich soweit.

Wir saßen alle schön brav um den Tisch herum, und der Vater hat dann jedem ein Stück auf den Teller gelegt.

Dazu gab es selbstgebackenes Weißbrot, frischen Kren und gekochte Eier.

War das ein Festessen!

Wir haben auf jedes Bröserl achtgegeben, damit ja nichts verlorengeht, damit wir noch zwei-, dreimal etwas von diesem herrlichen Schinken bekamen.

Wenn ich heute einen Schinken koche, der auch so riecht, dann denke ich immer wieder an meine Kindheit, an diesen einmaligen Osterschinken. Trotz aller Entbehrnisse, oder vielleicht gerade deshalb, habe ich eine glückliche, zufriedene und schöne Kindheit gehabt, die ich nie vergessen konnte.

„Diesen Geruch werde ich nie vergessen"

Franz Janisch

Mein Vater, Franz Janisch, wurde am 26. 1. 1935 in Strebersdorf, Bezirk Oberpullendorf, im mittleren Burgenland geboren.
Er lebt heute in Zwölfaxing, Niederösterreich, und zwar als „Zollwache-Gruppeninspektor i.R.", wie der offizielle Amtstitel lautet.
Auf die Frage nach den Gerüchen seiner Kindheit erhielt ich von meinem Vater folgenden biographischen Text:

Gerüche der Kinderzeit!
 Eine Frage, über die ich nicht lange nachdenken muß.
 Ich denke an zwei Erlebnisse, und ich denke teils mit Freude, teils mit Schaudern daran.

Ich möchte mit dem „schlechten" Geruch beginnen.
 Man schrieb das Jahr 1944, als meine Mutter verstarb.
 Ich lebte bei meiner Tante, welche ledig war und mir die Mutterstelle ersetzte. Sie wohnte in Mattersburg.
 Mein Stiefvater – mein Vater war im Krieg gefallen, im Jahr 1939 – war bedingt durch einen Unfall zwar nicht an

die Front geschickt worden, aber er war beim Volkssturm oder einer ähnlichen Kriegsformation. Im März 1945 wurden die Kinder und älteren Personen von der Deutschen Wehrmacht nach Westen evakuiert. So auch meine Tante und ich.

Mit mehreren Lastwägen wurden wir nach Oberösterreich gebracht, irgendwo bei Frankenmarkt, den genauen Ort weiß ich heute nicht mehr.

In einem Talkessel, einige Kilometer außerhalb jeder Ortschaft, war ein Lager. Da waren etwa tausend Personen in Zelten untergebracht.

Zirka drei Monate hausten wir dort, jeweils etwa zweihundert Personen in einem Zelt.

Essen war keines vorhanden.

Da griff die Lagerführung zur Selbsthilfe.

Es gab unweit vom Lager eine Pferdekoppel. Ob das Pferde von den Flüchtlingen waren oder von Privatpersonen, da weiß ich heute nicht mehr. Ich war damals neun, zehn Jahre alt.

Tatsache war jedenfalls, daß es außer Pferdefleisch nichts zu essen gab. Aber, wenn meine Tante sich nur Pferdefleisch hätte kaufen bzw. leisten können!

Ihr Geld reichte gerade aus, um überhaupt etwas zu kaufen, und zwar die Pferde-Innereien.

Beuschel – ich habe auch beim Schreiben dieser Zeilen nur mit großer Überwindung das Wort Beuschel schreiben können. Es gab Beuschel. Sechs bis acht Wochen aßen wir nur Pferdebeuschel, ohne jegliche Zutaten, ohne andere Speisen.

Wenn ich heute noch – wo auch immer und ganz gleich, wie gut zubereitet – Beuschel sehe oder rieche, so rinnt es mir kalt über den Rücken, und ich bin nahe am Erbrechen.

Wie immer im Leben gibt es aber auch schöne Erinnerungen, und so habe ich auch „gute" Gerüche aus meiner Kindheit.

1946 kam ich – nachdem meine Tante wieder ihrem Beruf als Kindergärtnerin nachgehen mußte – zu meinem Großvater mütterlicherseits in meinen Geburtsort Strebersdorf, derzeit Ortsteil von Lutzmannsburg im mittleren Burgenland.

In Strebersdorf betrieb mein Onkel, der Bruder meiner Mutter – welcher im Krieg vermißt war und nie mehr nach Hause kam –, eine Landwirtschaft. Der Betrieb wurde dann von meinem alten Großvater, meiner Tante Klara und meinem um zwei Jahre älteren Cousin Sepp – damals dreizehn Jahre alt – geführt.

Mangels einer Hauptschule in Strebersdorf wurde ich nach Steinberg an der Rabnitz geschickt, nahe dem Bezirksort Oberpullendorf, heute Stadt Oberpullendorf. Ich wurde in das dortige, auch heute noch bestehende Kloster der „Schwestern des göttlichen Erlösers" gebracht. Das war eine für die damaligen Verhältnisse sehr gute Hauptschule mit Internat.

In den Sommerferien durfte ich zum Großvater, zur Tante und zu meinem Cousin Sepp nach Strebersdorf.

Der Landwirtschaft ging es nach dem Krieg nicht besonders gut, aber es gab noch genügend zu essen.

Für mich war es täglich ein Festessen, wenn die Tante abends die Kühe melken ging. Da wurde noch mit den Händen gemolken, von Maschinen noch keine Spur.

Mein Cousin Sepp, der zukünftige Bauer am Hof, und ich, wir hatten jeder ein Häferl, ein Häferl aus Blech, verschiedenfärbig, damit es keinen Streit geben konnte.

Wir hockten vor der Stalltür mit unseren Häferln und mit einem von der Tante selbst gebackenen Brot. Wir warteten ungeduldig, bis die Tante die erste Kuh gemolken hatte.

Danach kam sie heraus und gab uns von der kuhwarmen Kuhmilch zu trinken. Das war ein Geruch und ein Geschmack, den ich nie vergessen werde. Dieser Geruch wird mir mein ganzes Leben erhalten bleiben.

Für diesen herrlichen Geruch und diesen Genuß danke ich meiner Klara-Tante heute noch. Sie lebt am Hof bei ihrem Sohn, in Pension, und ich wünsche ihr auf diesem Weg alles Gute.

Der Herausgeber

Heinz Janisch, geboren 1960 in Güssing im südlichen Burgenland. Lebt in Niederösterreich.
Freier Mitarbeiter des Österreichischen Rundfunks. Roman- und Kinderbuchautor. Mitherausgeber des Buches „Menschenbilder" zur gleichnamigen Hörfunk-Reihe, erschienen im Verlag Austria Press.

Wer mehr über Gerüche erfahren möchte, der sei auf folgende Bücher verwiesen:

Alain Corbin: Pesthauch und Blütenduft. Eine Geschichte des Geruchs. Verlag S. Fischer
    Annick Le Guérer: Die Macht der Gerüche. Eine Philosophie der Nase. Klett-Cotta.
    Patrick Süßkind: Das Parfum. Diogenes Verlag.

Für wertvolle Unterstützung bei der Zusammenstellung meiner Gerüche-Sammlung möchte ich mich bei Ulrike Czamay, Renate Ruzicska, Monika Beinl und Claudia Strafner herzlich bedanken.

Personenregister

Josef Aichholzer, 66
Peter Bichsel, 156
Heinz Cibulka, 188
Axel Corti, 24
Bernhard Costa, 114
Wolfgang Ebert, 64
Rudolf Egger, 140
Clemens Eich, 163
Urs Faes, 60
Barbara Frischmuth, 37
Renate Ganser, 180
Marianne Gruber, 158
Gerhard Haderer, 129
Lukas Hammerstein, 133
Robert F. Hammerstiel, 146
Peter Härtling, 122
Urs Hefti, 32
Friedrich C. Heller, 172
Peter Henisch, 97
Alois Hotschnig, 176
Franz-Joseph Huainigg, 150
Franz Janisch, 201
Heinz Janisch, 13
Juliane Janisch, 198
Hans Kann, 74

David Kuebler, 144
Salcia Landmann, 95
Hanne Lenz, 125
Hermann Lenz, 127
Mira Lobe, 28
Viktor Matejka, 118
Gerhard Meier, 39
Erwin Moser, 112
Doris Mühringer, 83
Hermann Nitsch, 192
Christine Nöstlinger, 78
Ernst Nöstlinger, 108
Oswald Oberhuber, 186
Christine Ostermayer, 58
Caspar Pfaundler, 50
Willy Puchner, 46
Evelyn Schlag, 53
Anton Staudinger, 102
David Steindl-Rast, 86
Wolfgang Wagerer, 90
Reinfried Wagner, 166
Lois Weinberger, 184
Emmy Werner, 71
Urs Widmer, 136
Alfred Wopmann, 169

NOVITÄTEN IM VERLAG AUSTRIA PRESS

Hubert Gaisbauer • Heinz Janisch (Hrsg.)
MENSCHENBILDER
Das Buch zur Hörfunkreihe
Gespräche mit außergewöhnlichen Menschen.
Ein aufwendig gestaltetes Buch für schöne Lesestunden.
ISBN 3-85330-105-3, öS 398,–

Thomas Sebastian Frank
SCHWARZMÜLLER
Eine österreichische Karriere
Die atemberaubende Karriere
des gemütlichen Bauern Schwarzmüller.
Für begeisterte SatireleserInnen.
ISBN 3-85330-107-X, öS 298,–

Erica Vaal • Tobias Hierl
WO DIE SONNE TANZT
Lateinamerika – eine Reise mit Erica Vaal
Zwischen Tanz und Politik. Erlebnisse, Erfahrungen,
Eindrücke.
ISBN 3-85330-111-8, öS 398,–

Marina Watteck
WEGGEFÄHRTINNEN
Frauen an der Seite berühmter Männer
Sie leisten selbst und bleiben dennoch im Hintergrund.
Ihre Sicht des Lebens, ihre Gedanken, Gefühle und Wünsche.
ISBN 3-85330-117-7, öS 248,–

Wir freuen uns über Lob und Kritik seitens unserer
LeserInnen. Schreiben Sie oder rufen Sie uns an:
Verlag Austria Press Ges.m.b.H.
Mag. Gabriela Scolik, Mag. Karin Siller
1030 Wien, Reisnerstraße 40, Tel.: 0222/711 96-0